Toni Lauerer

Gfallt mir

Noch mehr Geschichten von Toni Lauerer ...
Je 160 Seiten, Hardcover, 14 x 21 cm, 14,90 Euro

Wos gibt's Neis?
978-3-931904-77-7

**I bin's wieder – Bitte bleiben
Sie dran!**
978-3-934863-31-6

Voll im Trend
978-3-934863-68-2

„Hauptsach', es schmeckt!"
978-3-934863-08-8

I glaub, i spinn
978-3-931904-43-2

Möchtns ned probiern?
978-3-89650-333-6

**Endlich wieder gschafft –
Weihnachtsgeschichten**
978-3-934863-17-0

Die Hörbücher zum Buch
CD, 14,90 Euro

„Hauptsach', es schmeckt!"
978-3-89650-335-0

I glaub, i spinn
978-3-934863-18-7

**Endlich wieder gschafft –
Weihnachtsgeschichten**
978-3-934863-22-4

Toni Lauerers beste Geschichten als Minis zum Verschenken!
Je 48 Seiten, kartoniert, 11,5 x 11,5 cm, 2,95 Euro

Tolle Frauen, liebe Mütter
978-3-934863-63-7

Die liebe Oma
978-3-934863-61-3

Zum Geburtstag
978-3-934863-60-6

Verheiratet, na und?
978-3-934863-65-1

Gute Besserung
978-3-934863-64-4

Starke Männer, liebe Väter
978-3-934863-62-0

Toni Lauerer

Gfallt mir

VERLAG ERNST VÖGEL

ISBN 978-3-89650-342-8

© 2012 Verlag Ernst Vögel, 93491 Stamsried

Umschlagfoto: Ernst Vögel jun.

Herstellung: Druck+Verlag Ernst Vögel GmbH · 93491 Stamsried

Inhaltsverzeichnis

Vorwort

Grüß Gott, verehrte Leserinnen und Leser!
Servus, liebe Kinder!

Nachdem ich mich mit meinem Roman „Cordula" mit den eher dunklen und unheimlichen Aspekten des menschlichen Daseins beschäftigt habe, möchte ich mich jetzt wieder den lustigen Dingen widmen, die uns tagtäglich begegnen.
Sei es in der Familie, im Beruf, in der Freizeit oder in den Medien – es begegnet uns vieles, was uns auf den ersten Blick zwar nervt oder gar ärgert, was aber auf den zweiten, manchmal vielleicht erst auf den dritten Blick, eine Komik in sich birgt.
Diese Komik herauszuarbeiten, das habe ich versucht und ich hoffe sehr, dass es mir gelungen ist.

Wie Sie vielleicht schon vermuten, ist der Titel dieses Buches dem weltumfassenden sozialen Netzwerk Facebook geschuldet. In diesem kann man zu allen Ereignissen, Gefühlen und Erlebnissen, die von „Freunden" 24 Stunden am Tag „gepostet" werden, Stellung nehmen, indem man schlicht folgenden Kommentar abgibt: „Gefällt mir".
Ich habe diesem gigantischen elektronischen Freundeskreis natürlich eine Geschichte gewidmet, die Sie, neben vielen anderen, ebenfalls in diesem Buch finden.

Aber nun will ich Sie und Euch nicht länger aufhalten – ich wünsche viel Spaß beim Lesen!
Und ich wünsche mir, dass Sie nach dem Lesen meines neuen Buches aus voller Überzeugung sagen:

„Toni Lauerer – Gefällt mir!"

Ganz liebe Grüße!

Ihr/Euer
Toni Lauerer

Es ist schon seltsam: Wenn man Zeit hat, dann geht alles schnell und ohne Probleme. Das gilt für den Straßenverkehr, für den Service in der Gastronomie und für viele andere Dinge des täglichen Lebens. Ist man aber unter Termin- oder sonstigem Druck, dann sorgen vielerlei unerwartete Hemmnisse dafür, dass einem der letzte Nerv geraubt wird. Ein übler Ort kann in dieser Hinsicht der Supermarkt sein, speziell der Kassenbereich. Ich denke heute noch mit Grausen an eine Begebenheit zurück, die bei mir seinerzeit fast zum Wahnsinn und darüber hinaus sogar zu ernsthaften urologischen Beschwerden geführt hätte. Ich war auf der Heimfahrt von einem Termin und musste dringend „bieseln", wie wir in Bayern so liebevoll lautmalerisch sagen. Insofern war die Vorfreude auf die heimische Toilette riesengroß! Ich dachte jedoch trotz des beinahe schon schmerzhaften Drucks, ich könnte vorher noch kurz eine wichtige Kleinigkeit einkaufen, weil dies ja höchstens drei Minuten dauert. Dachte ich! Ich stand am Fließband an der Kasse, vor mir eine Kundin älteren Baujahrs, hinter mir mehrere Kundinnen und Kunden mit vollen Einkaufswägen. Auf dem Fließband lag die wichtige Kleinigkeit, die ich eingekauft hatte (eine Schachtel Zigaretten und ein Schokoriegel), die ältere Dame hatte bereits den Geldbeutel gezückt und bald würde ich in meinem Auto sitzen und auf dem Weg zur Erlösung sein. Dachte ich!
Denn nun begann es, das

Martyrium an der Kasse

Kundin:	So Freilein, wos kriangs jetza vo mir?
Verkäuferin:	Elf Euro 34!
Kundin:	Wiaviel?
Verkäuferin:	Elf Euro 34!
Kundin:	*Beugt sich näher zur Verkäuferin und bildet mit der linken Hand einen Schalltrichter am Ohr.* Jetza miassnsmas nomol song, wos machts aus?
Toni:	*Entschuldigend zum korpulenten, bärtigen Kunden hinter ihm:* De hört schlecht! Es is a Kreiz! Mei, wennma älter wird!

Kunde:	De soll schaun, dass weidakimmt, i hob ned soviel Zeit!
Toni:	I aa ned, i miassert dringend weg! Biesln aaf deitsch gsagt!
Verkäuferin:	*Laut:* Elf Euro und 34 Cent!
Kundin:	Zwölf Euro?
Kunde:	*Laut, aggressiv:* Kreizbirnbaamhollerstaudn! Elf Euro und 34 Cent, du olte Schatulln! Hör halt zua, wennma dir wos sagt! Jetza werd i glei narrisch!
Kundin:	*Zu Toni:* Wos sagta, der Mo?
Toni:	11 Euro und 34 Cent!
Kundin:	Wissens, mei Hörgerät is beim Richten!
Toni:	Aha! *Zum bärtigen Kunden hinter ihm:* Ihra Hörgerät is beim Richten!
Kunde:	I hobs scho ghört! I bin ja ned schwerhörig, sondern sie! De soll jetza endlich zahln und schaun, dass weidakimmt, des Horn, des bläde!
Kundin:	*Zu Toni:* Wos sagta?
Toni:	Eam daads pressiern! Mir aa!
Verkäuferin:	*Sehr laut und fordernd:* Elf Euro und 34 bittschön!
Kundin:	11 Euro und 94?
Verkäuferin:	*Lauter und genervt:* 34!
Kundin:	*Geschockt:* 34 Euro?
Verkäuferin:	34 Cent! 11 Euro und 34 Cent!
Kunde:	I brings um! Glei bringes um!
Toni:	I muaß bieseln!
Kundin:	11 Euro und 34 Cent?
Verkäuferin:	Genau!
Kunde:	No Gott sei Dank!
Toni:	*Besänftigend und halbwegs erleichtert zum Kunden:* Zeit is worn!
Kundin:	Moment! I glaub, i hobs kloa! *Kramt im Geldbeutel und legt dann die Münzen einzeln auf das Fließband.*
Kunde:	Um Gottes Willen! Jetza kimmts mit ihrane gschissna Fünferl und Zehnerl daher! Und Kupferlinge hods aa no drin im Geldbeitl! Dass jetza i immer des Pech

	hob, dass ein glatts Rindviech vor mir an da Kasse steht! Immer!
Kundin:	*Zu Toni:* Wos sagta?
Toni:	*Laut:* Uns daads wirklich gscheit pressiern! I miassert weg, dringend! Und er aa!
Kundin:	Glei hammas! *Legt die Münzen aus und zählt laut mit:* Zwoa, vier, fünf, also des waarn scho amal fünf Euro! *Holt ein weiteres Geldstück heraus, mustert es aus der Nähe und hält es dann der Verkäuferin vor die Augen.* Sie Freilein, schauns amal, is des a Fuchzgerl oder a Zwanzgerl?
Kunde:	*Außer sich:* Ja kruzenäsn! Seng duats aa schlecht! Nix hörn, nix seng, owa koa Hörgerät und koa Brilln am Schädl! Jetza kimm i glei fire und draah ihr'n Krong um! Des derf doch ned wahr sei! De soll an Fuchzger aussadua aus ihran Geldbeidl und soll des ganze Grusch am Sunnta in Opferstock einewerfa!
Toni:	Owa wirklich! Mir pressierts wia d'Sau! Mi zreißts glei!
Kundin:	Glei hammas!
Verkäuferin:	Des is a Fuchzgerl!
Kundin:	A Fuchzgerl? I kenn des so schlecht auseinander! Früher, do war a Fuchzgerl no silbern, do hodmas wegkennt vom Zwanzgerl!
Kunde:	*Zu Toni:* Sog dem Rindviech, dass früher koa Zwanzgerl gebn hod! Und sog ihr, dasses glei pack am Gnack! Dann brauchts koa Fuchzgerl nimma, des garantier i ihr! Es gibt Leit, de san des geborene Hindernis – und des is so oane!
Kundin:	*Zu Toni:* Wos sagta, der Mo?
Toni:	*Laut:* Früher hods bloß Zehnerl und Fuchzgerl gebn! De Zwanzgerl san erst mit'm Euro kemma!
Kundin:	*Kopfschüttelnd:* Der Euro bringt alles durcheinander! Und des Griechenland bringt uns alle aaf d'Gant! *Zur Verkäuferin:* Wo samma gwen?
Verkäuferin:	Fünf Euro fuchzig!

Kundin:	Und wiaviel brauchma?
Kunde:	*Sehr laut:* Himmelhergottsappralot! Elf Euro und 34 Cent brauchma!
Kundin:	*Zum Kunden:* Dankschön! Also, dann schauma amal. *Holt weitere Münzen aus dem Geldbeutel.* Fünf sechzge, fünf achzge, sechse! Sechse hamma scho!
Verkäuferin:	Sechs Euro und zehn hamma scho, des warn drei Zwanzgerln!
Kundin:	Achso! I hob mir denkt, des oane waar a Zehnerl!
Verkäuferin:	Naa, des war a Zwanzgerl!
Kundin:	Gwiß?
Verkäuferin:	Ganz gwiß!
Toni:	*Zum Kunden:* Des dauert no länger! I hob direkt scho Schmerzen im Intimbereich! I miassert dermaßen biesln, des is nimmer normal. I wenn an an Baam oder an a Kloschüssel denk, dann wird mir ganz schwindlig! I schwitz scho direkt!
Kunde:	I nimm jetza glei de Flaschen Südtiroler Landwein aus mein Einkaufswagen und haus ihr übern Schädl! Dass a Ruah is! Sowos hob i no nie erlebt! Do waar ned viel hi, weil der kost bloß an Euro 99!
Toni:	Beruhigens Eahna, des hilft alles nix! I hobs ja aa eilig! Owa an Totschlag is ned wert!
Kunde:	Du redst di leicht, du muaßt ja bloß biesln! Owa i, i hob a Vorstellungsgespräch!
Toni:	*Denkt:* Von wegen „bloß" biesln! Du kriagst vielleicht den Job ned, owa mi zreißts! Mit an Blasensprung is ned zum Spaßen! *Sagt:* Lang konns nimmer dauern!
Kunde:	Bis du in d'Hosn gschifft host oder bis de fertig is?
Toni:	Beides!
Kunde:	Von wegen! De is ja erst bei sechs Euro zehn! Bis des elf 34 wern, des ziagtse!
Kundin:	Glei hammas! Also, sechs Euro und zehn. *Legt weitere Münzen auf das Band.* Sechs Euro und zwanzge, sechs Euro und dreißge, sechs Euro und vierzge, halt

	aus, do hodse ja no a Zwickel versteckt! Dann samma ja scho bei acht Euro vierzge!
Kunde:	Glei schenk ihr an Zwickel, dass schneller geht!
Toni:	Und i zahl den Rest! Des is mir de Sach wert!
Kundin:	Omei, jetza hob i no an Haffa so Kloagrusch herin im Geldbeidl. Wissens wos, schauns amal selber! *Gibt der Verkäuferin den Geldbeutel.*
Verkäuferin:	*Nachdem sie den Inhalt kurz betrachtet hat:* Ob des glangt?
Kundin:	Wos songs?
Verkäuferin:	*Lauter:* Ob des glangt?
Kunde:	Mir glangts scho lang! Jetza zählns! Wenns ned glangt, dann zahl i den Rest!
Toni:	Zählns bittschön! In Gottes Namen! I muaß dermaßen dringend bieseln, des kinnan Eahna Sie gar ned vorstelln! Mir duat scho alles weh!

Die Verkäuferin schüttet eine beträchtliche Anzahl von kleinen Münzen aus dem Geldbeutel und beginnt zu zählen. Die Kundin sieht unterdessen Toni an.

Kundin:	Sie san ziemlich kaasig! Also Sie schaun fei ned gsund aus. *Mit Blick auf die Zigaretten, die vor Toni auf dem Band liegen:* Sie derfan ned soviel raucha, des is schädlich!
Kunde:	*Zu Toni:* Schmier ihr oane! Stopf ihr's Maul! Sunst duas i!
Toni:	I trau mi ned bewegen, weil i hob Angst, dass wos in d'Hosn geht! I hob einen dermaßen Druck auf da Blase, des konn sich kein Mensch vorstelln! *Laut und flehentlich zur Kundin:* Jetza schauns halt bittschön, dass fertig wern mit dem Zahln! I halts nimmer aus, ohne Schmarrn!
Kundin:	Des san d'Nerven! Des kimmt aa vom Raucha! Hörns auf, trinkens liawa amal an Baldrian oder an Holundersaft! Schauns her, i trink alle Dog mein Baldrian, i hob die Ruhe weg! Mir fehlt nix!

Verkäuferin:	Doch, ein Euro und 12 Cent fehln Eahna!
Kundin:	Wos?
Verkäuferin:	Des san bloß 10 Euro 22! Und 11 Euro 34 machts aus!
Kunde:	I brings um! I schwörs, i brings um! *Zu Toni:* Und du machst mir den Zeugen, dass des Notwehr war!
Toni:	I mach gar nix! Außer glei in d'Hosn! *Zur Verkäuferin:* Hamm Sie a Klo im Haus?
Verkäuferin:	Scho, owa des is nur für Personal!
Toni:	Sie, schauns her: I hob oa Schachtel Zigrettn und den Schokoriegel – wos macht des?
Verkäuferin:	Fünf Euro 80!
Toni:	Plus de 11 Euro 34 vo dera alten Schachtel, san 17 Euro 14. *Zieht einen 20-Euro-Schein aus dem Geldbeutel.* I gib Eahna zwanzig Euro, wenn Sie mi im Personalklo bieseln lassen! I pass aa bestimmt aaf, i sitz mi sogar hi, ehrlich!
Kundin:	Sie, Moment! Hamm denn Sie koan Anstand? I bin dran! Daans Eahna ned vordränga!
Toni:	*Bleich, schwitzend und schreiend:* Himmel, Arsch und Zwirn! I dräng mi ned vor, i halts bloß nimmer aus! I muaß bieseln, zenalln! Seit zehn Minuten machan Sie alte Schachtel ein Gschieß wega 11 Euro 34! Des zahl jetza i und schauns, dass weidakemma! *Drückt der Verkäuferin den Geldschein in die Hand.* Do hamms den Zwanzger! Und jetza gebns mir den Schlüssel für des Personalklo, sunst mach i Eahna a Lacka aaf des Fließband, i schwörs Eahna!
Kunde:	Jawoll! Zoag ihr, wo da Hammer hängt!
Verkäuferin:	*Gibt Toni verdattert den Schlüssel.* B… b… bittschön!
Toni:	Danke! Und jetza druckensma d'Daam, dasses no schaff! *Läuft schwitzend unter Zurücklassung der Zigaretten und des Schokoriegels in Richtung Personaltoilette.*
Kundin:	Hod der jetza mei Zeig zahlt?

Verkäuferin:	Ja!
Kundin:	Ja, wieso denn?
Verkäuferin:	Äh, weil er hod a Problem!
Kundin:	A Problem? Wos hoda denn?
Verkäuferin:	Es is wega seiner Blase!
Kundin:	Wos?
Verkäuferin:	*Laut:* Sei Blase! Es is wega da Blase! Er hod scheinbar a schwache Blase!
Kundin:	Und i hobma denkt, des Raucha geht aaf d'Lung!

Gesunde Alternative

Kare: Uns Deitschn gehts guat!

Sepp: Zu guat! Mir wissma gar ned, wia schee dassmas hamm!

Kare: Aa vom Essen her! I hob glesn, dassma mir viel z'viel Fleisch essen!

Sepp: Des is ned gsund!

Kare: Eben! Drum hob i meine Konsequenzen zogn!

Sepp: Isst koa Fleisch nimmer?

Kare: Scho, owa nimmer so oft! Dreimal in da Woch lass i konsequent des Fleisch weg und iss als Ersatz a Wurscht!

Sepp: Und wia lang haltst du des scho durch?

Kare: Scho zwoa Monat!

Sepp: Hut ab!

Kare: Alles a Frage der Disziplin!

Pädagogisch wertvoll

Kare: Gestern aaf d'Nacht hob i aaf mein kloan Neffen aafpasst!

Sepp: A geh!

Kare: Ja! Weil mei Schwester war mit ihrem Mo im Kino!

Sepp: Do schau her! Wos hamms denn für an Film ogschaut?

Kare: Des woaß i ned. Des is aa vollkommen wurscht, weil um des gehts ja jetza gar ned!

Sepp: Um wos gehts denn nacha?

Kare: Um mein Neffen! Der hod de ganze Zeit Computerspiele gmacht. Wie ein Irrer!

Sepp: Tztztz! Des is ein Kreiz mit de Kinder!

Kare: Owa i akzeptier des ned, weil i hob eine Verantwortung gegenüber mein Neffen! Immerhin bin i sei Onkel! Zwar angheirat, owa immerhin!

Sepp:	Ja eben! Sunst waar er ja ned dei Neffe!
Kare:	Genau! Und dann hob i gsagt: „Nöl", hob i gsagt, „jetza lass amol des bleim mit dem Computer!" I sog allaweil ‚Nöl' zu eam, des ärgertnan, weil eigentlich hoaßta ‚Noel'!
Sepp:	Noel! Aso ein saubläder Nam! Stell dir vor, im Wirtshaus beim Schafkopf sagt oaner: „Da Noel spielt an Wenz!" Des hörtse doch scheisse o!
Kare:	Owa ehrlich! Aaf jeden Fall hob i dann gsagt: „Nöl, jetza zoag i dir amal wos! Do wirst spitzn!" Und dann, dann hob i eam zoagt, wiama mit Kastanien und Zündhölzl Tiere bastelt. An Hund, a Sau, a Giraff, a Auto, verschiedene Tiere halt.
Sepp:	Mei schee, des erinnert mi an mei Kindheit!
Kare:	Eben! Und des Basteln, des hod dem Kind aso gfalln, dass er zwoa Stund völlig selbständig Tiere erzeugt hod, an ganzen Zoo quasi, aa mit Exoten – Pandabärn, Tintnfisch und so! Sogar an Yeti hoda gmacht!
Sepp:	An Yeti? Den gibts ja gar ned in echt!
Kare:	Genau! Und außerdem is er koa Tier, sondern a Mensch! Owa des is ja wurscht! Hauptsach, da Noel hod a sinnvolle Beschäftigung ghabt!
Sepp:	Genau! Und wos host du in de zwoa Stund gmacht?
Kare:	I? A Computerspiel!

Halsschmerzen

Sepp:	Kare, du kimmst mir heit irgendwie steif vor!
Kare:	Omei Sepp! Es is jedes Jahr des Gleiche: Kaam wirds warm und die Eissaison fangt o, hob i Halsweh! Gestern bin i a Stund in da Eisdiele ghockt und hob an Amarettobecher gessn und heit duat mir der Hals dermaßen weh!
Sepp:	Jaja, des is des kalte Eis! Do is der Hals schnell entzunden!

| Kare: | Achwo, entzunden isa ned! Verrenkt isa! Weil links hinter mir is a jungs Deandl gsessn in am wahnsinnig kurzen Minirock! |

Grillplanung

Kare:	Hawedere Sepp! Wo duast denn hi?
Sepp:	Eikaffa muaß i, weil heit aaf d'Nacht hamma a Grillfeier bei uns dahoam! Du, wos rechnet man do ungefähr pro Person? Fleisch- und bratwurstmäßig moan i.
Kare:	Also, i daad sogn, pro Frau 1 Fleisch und 1 Paar Bratwürscht und pro Mann 2 Fleisch und 2 Paar Bratwürscht. Des is aso a Faustregel für Mitteleuropäer.
Sepp:	Aha! Woaßt wos, i geh liawa aaf Nummer sicher. I kaaf pro Mann 3 Fleisch und 3 Paar Bratwürscht!
Kare:	Ja okay, wennst Gäste host mit an gsundn Apppetit, dann verputzn de des scho! Wiaviel Leit seids denn?
Sepp:	Zwoa! Mei Frau und i!

Sprachgenie

Kare:	Jetza studiert mei Sohn erst zwoa Semester in München und hod nach dera kurzen Zeit scho guade Kenntnisse in italienisch, spanisch, griechisch, mexikanisch und sogar vietnamesisch!
Sepp:	Ja mi host ghaut! Der is ja direkt a Genie, wenn der des alles scho reden kann!
Kare:	Ned reden, essen!

Au

Kare: Gestern hob i im Radio ghört, dass der häufigste Ortsname in Bayern „Au" is! Und i hob mir denkt, dass des stimmt. Weil wennst aso mit'm Auto unterwegs bist, dann segst wirklich oft Schildln, wo „Au" draufsteht!

Sepp: Also wenns nach de Schildln geht, dann is der häufigste Ortsname „Umleitung"!

Kinderträume

Sepp: Wos schaust denn so komisch?

Kare: Omei! I denk grad zruck an mei Kindheit! Gell, wos man sich als Kind alles wünscht! Und dann kimmts im Leben ganz anders!

Sepp: Also bei mir is alles aso kemma, wiamas i gwünscht hob!

Kare: Ehrlich?

Sepp: Ehrlich!

Kare: Wos hast dir denn dann gwünscht als Kind?

Sepp: I wollt immer beruflich hoch hinaus, i wollt steinreich werdn und i wollt, dass d'Weiber ständig hinter mir her san!

Kare: Spinnst du? Des trifft doch bei dir alles ned zua!

Sepp: No freilich! I bin Dachdecker, i hob Gallensteine und zwoa Weiber san ständig hinter mir her, weil i d'Alimente ned zahl!

Sparmaßnahmen

Sepp: Damma heier mitm Stammtisch wieder aafs Oktoberfest?

Kare: Eh klar!

Rudi:	I als Kassier gib zu bedenken: Mir hamm z'weng Geld in da Kasse! Mir kinnma des bloß no finanziern, wennma Sparmaßnahmen ergreifa! Des is einfach alles so deier worn am Oktoberfest! Do kost ja d'Maß Bier mehra wia bei uns da Kasten!
Erwin:	Und a halberts Gockerl soviel wia bei uns a halberte Sau! Also, ned direkt, owa ungefähr!
Sepp:	Sparmaßnahmen? Ja, wia willst denn da sparn? Ebba beim Trinka?
Mane:	Auf keinen Fall! Wennst beim Trinka sparst, dann is des ganz schlecht für d'Stimmung! Und ohne Stimmung is des ganze Oktoberfest a Schmarrn!
Kare:	Und beim Essen?
Sepp:	Niemals! Weil wennst nix isst, dann bist du von Haus aus grantig! Und des is no extrem schlechter für d'Stimmung! A Mensch, den wo hungert, kann keine Gaude ned macha! Und de Gaude, des is doch des Schönste am Oktoberfest! Also beim Essen kinnma ned sparn. Mir brauchma andere Alternativen! Erwin, woaßt du wos? Du hast no gar nix gsagt.
Erwin:	Und wennma d'Weiber dahoam lassen? Des kaam billiger!
Sepp:	Und für d'Stimmung waar's aa besser!
Kare:	Ja genau! Erwin, danke dir für den genialen Vorschlag! Wer is dagegen? Koaner? Wer sagts de Weiber? Aa koaner! Hm … wo is eigentlich heit da Fonse?
Mane:	Dem hamms an Furunkel aussagschnittn aus da Hinterfront, der konn ned sitzn momentan!
Sepp:	Ach du Schande! Des is ned angenehm!
Kare:	Dann daad i vorschlagen, da Fonse sagts de Weiber!
Erwin:	Ja eben! Da Fonse, der is ideal!
Kare:	Is wer dagegen? Koaner? Alles klar! Mir fahrn ohne Weiber aafs Oktoberfest und da Fonse sagts de Weiber! Prost! Auf den Fonse! A Hund isa scho!

Der Glückspilz

Gast A:	Grüß Gott, der Herr! Derf i mi hersetzen zu Eahna?
Gast B:	Freilich! Sitzens Eahna her!
Gast A:	Danke schön! Der schönste Platz is allaweil no an der Theke, gell?
Gast B:	Genau!
Gast A:	Herr Ober, bringens mir bitte a Pils!
Gast B:	A Pilserl nach Feierabend is wos Feins!
Gast A:	Do hamms recht! I hob heit mein ersten Arbeitstag ghabt, nach drei Wochen Urlaub!
Gast B:	Omei! Do brauchtma dann scho a Pils oder zwoa, dassma des verkraft! Es is hart, der Übergang von da Freizeit, zruck in den Stress! Hart is des!
Gast A:	Genau! Und der Urlaub, des war da Wahnsinn! Ein Traum!
Gast B:	Echt?
Gast A:	Echt! Mir is sowos no nie passiert! Ogfangt hod des mit einer Mail von da Firma Happy Trip!
Gast B:	Mit ana Mail? Ah geh! Wia des?
Gast A:	Jetza passens aaf: I kriag folgende Mail: „Sehr geehrter Herr Blescher!" I hoaß nämlich Blescher! „Herzlichen Glückwunsch! Sie wurden aus acht Millionen Menschen zufällig ausgelost und haben einen dreiwöchigen Luxusurlaub für zwei Personen im zauberhaften Nufür Dölak gewonnen!"
Gast B:	Ja gibts des aa!
Gast A:	Mit Flug! Stellns Eahna des vor!
Gast B:	Mit Flug aa no? Jetza hörns owa aaf!
Gast A:	Wennes Eahna sog! Drei Wochen! Mit Flug! Und i sog zu meiner Frau: „Adelheid, jetzt is soweit! Jetzt hamma aa amal ein Glück im Leben! Kostenlos drei Wochen Nufür Dölak!"
Gast B:	Wo is nacha des Nüfur Dölak?
Gast A:	Nufür Dölak!

Gast B:	Ah ja, genau, Nufür Dölak! Wo isen des? Nix deitschs is des ned, oder?
Gast A:	Des is in da Türkei, rechts unten, vo vorn gseng!
Gast B:	Aha! Wahnsinn! Drei Wochen Luxusurlaub! Und des gwunna! Sie san fei scho a Glückspilz! I hob no nie wos umasunst kriagt! Doch, oamal, bei da Weihnachtstombola vom Frauenbund, a Kochbuch. Kuchenrezepte für Allergiker! War a Schmarrn! „Backen ohne Mehl" – Sie, do vergeht dir alles! Lauter Soja und so Glump! Also, wos Vernünftigs hob i no nie gwunna!
Gast A:	Man derf d'Hoffnung nie aafgebn! Guat, komplett umasunst war der Traumurlaub ned! Man hod a Gewinnbearbeitungsgebühr überweisen miassn, 398 Euro pro Nase, owa für drei Wochen Luxusurlaub is des gar nix! Und de Leit hamm natürlich aa Unkosten, verwaltungsmäßig und so, des is logisch!
Gast B:	Scho klar, owa 398 Euro, des is ja für drei Wochen Luxusurlaub praktisch immer no kostenlos! Und des war dann all inklusiv?
Gast A:	Praktisch ja! Mir hamm dann bloß am Flughafen in Mailand an Glückspilzbeitrag zahln miassn, 119 Euro pro Person. Weil sunst hättens uns ned mitfliagn lassen! Weil der Flieger war nur für Glückspilze reserviert, ausschließlich!
Gast B:	In Mailand sans weggflogn?
Gast A:	Ja, in Mailand! Owa des war kein Problem, weil do war ja a Bustransfer vo München aus. Des hod für mi und mei Frau inklusive Gepäck bloß 79 Euro kost! Also wenn des ned günstig is!
Gast B:	79 Euro is in Ordnung! Für 2 Personen, mit Gepäck, do konnma ned meckern!
Gast A:	Da Flug war dann reibungslos, aa de Zwischenlandung in Sofia – idyllisch!
Gast B:	Sofia?

Gast A:	Ja, do war irgendwos an da Düse vo dem Triebwerk oder wos, a Kleinigkeit bloß. Owa de Stewardess hod gsagt, dass da Pilot moant, es waar gscheida, wennma kurz landen und nachschaun lassen in Sofia. Also mir hamms ned verstandn, de Stewardess, de war vo Portugal oder vo da Mongolei oder so, owa an de Handbewegungen hodma ablesen kinna, dass besser is, wennma landen! Mir hamm fast des Gefühl ghabt, dass de bet!
Gast B:	Sicher is sicher!
Gast A:	Eben! Und tatsächlich hodse rausgstellt, dass oa Düse an Riss hod oder an Spalt oder sowos Ähnlichs! Aaf jeden Fall hamma in Sofia gottseidank aso a Düse kriagt. Kostet natürlich 3.600 Euro, bar cash, da Pilot hod keinen Cent dabeighabt, hamma zammglegt und hamma eams glieha derweil! Noja, nach sechs Stunden war de Düse eibaut und weida is ganga Richtung Ankara! Da Pilot hod gsagt, er überweist uns des Geld sofort, wenn er wieder dahoam is! Unsere Kontonummern hoda ja vo da Firma Happy Trip vo da Abbuchung vo da Gewinnbearbeitungsgebühr!
Gast B:	Do duatmase dann leichter, wenns ned so bürokratisch zuageht.
Gast A:	No freilich! Und da Mirko hod aa gsagt, dass aaf den Piloten Verlass is und dass mir des Geld hundertprozentig wieder kriagn vo eam. Weil da Pilot is a weitschichtige Verwandtschaft vo eam.
Gast B:	Da Mirko?
Gast A:	Ja, da Mirko! Des war der Vertreter der Firma Happy Trip, der is mitgflogn, als Betreuung praktisch, wenn wos waar!
Gast B:	Ja dann! Dann warts ja in guten Händen!
Gast A:	Ja eben! Mir samma dann in Ankara gland und do hod scho a Bus aaf uns gwart für den Transfer nach Gürgül Frebace!

Gast B:	Gürgül Frebace? Hod des ned anders ghoassn? Hamm Sie ned vorher gsagt, Fufnur oder so?
Gast A:	Nufür Dölak! Ja, scho, owa do hi is dann a extra Bus ab Gürgül Frebace gfohrn!
Gast B:	Achso! Is do extra für eich a Bus gfohrn?
Gast A:	Freilich! Den hamma aa braucht, weil, mir warn ja insgesamt 37 Glückspilze! Und da Mirko!
Gast B:	37? Wahnsinn! Und de hamm alle drei Wochen Luxusurlaub gwunna?
Gast A:	Alle!
Gast B:	Ha, dass jetza manche Leit so ein Glück hamm!
Gast A:	Ja, mir hamm scho mords eine Freid ghabt in dem Bus drin! Der Transfer vo Ankara aaf Gürgül Frebace hod dann pro Person 69 Euro kost und der vo Gürgül Frebace aaf Nufür Dölak 79, aber: Jeder Gewinner hod kostenlos an Döner und an Flaschenöffner kriagt, original türkisch und jeder a Unikat, also jeder Flaschenöffner, vom Döner woaßes ned!
Gast B:	Super! An Flaschenöffner konnma immer braucha! Und a Döner zwischendurch is a Riesensach, vor allem wenn er nix kost!
Gast A:	Genau! Im Bus hättma ja den Flaschenöffner gar ned braucht, weil do hods Bier und Limo aus der Dosn gebn für drei Euro pro Dosn. I hob siem Dosn gsuffa, weil es war bluadig hoaß und der Döner war scharf wia d'Sau! Sogar mei Frau, de wo sunst nix trinkt, hod vier Dosn Limo owezischt! Des war a türkisches Limo, Sprüzü Venül hod des ghoassn!
Gast B:	Jaja, des is gsund! Man soll ja pro Dog mindestens zwoa Liter trinka! Und wia is dann weidaganga?
Gast A:	In Gürgül Frebace samma dann vom Bus ausgstiegn und umgstiegn in an offenen Lastwagen! Do hamms aaf da Ladefläche so Kissen ghabt, do hodma dann sitzn kinna! Open Air!

Gast B:	A Lastwagen? Ehrlich? Mit dem rechnet man normal ned, oder? Dass do a Lastwagen kimmt, des is normal ned üblich.
Gast A:	Normal ned. Owa i sog Eahna oans: Mir warn direkt froh, weil in dem Bus hods mindestens 60 Grad ghabt, keine Klimaanlage und der Schweißgschmack! Zum Speim! Do war der Lastwagen richtig erholsam, der Fahrtwind – wunderbar, trotz Sand zwischen de Zähn! Guat, de direkte Sonneneinstrahlung knappe zwoa Stund lang war scho brutal für d'Haut, weil wir warn ja ned eicremt. Owa gottseidank hod da Lastwagenfahrer so kloane Sonnenschirme dabeighabt. De hod er uns dann für a Schutzgebühr vo zehn Euro glieha! De warn heiß begehrt, des konn i Eahna sogn!
Gast B:	Des glaub i Eahna sofort! D'Sun is ja in da Türkei erbarmungslos!
Gast A:	Owa ehrlich! Wiama dann in Nufür Dölak okemma san, war oa Gewinnerkind scho fast ausdirrt, des war ganz rot im Gsicht und hod bloß no gjapst! Wissens, wia a Fisch, den woma aaf d'Wies higworfa hod.
Gast B:	War do a Kind dabei? Do nimmtma doch koa Kind mit!
Gast A:	Unverantwortlich is des! Mei Frau hod aa gsagt: „I nimm doch im Summa in d'Türkei koa Kind ned mit! Des verglüht doch förmlich!"
Gast B:	De Dummen sterm ned aus! Und wia is dann weidaganga? War's Hotel in Ordnung?
Gast A:	Des war super! Noglnei! Des war dermaßen nei, dass da Swimmingpool no gar ned ganz firte war, also man hod scho einekinnt und baden, owa des Pflaster rundum, des war no ned verlegt, des war no so a Split oder so wos Ähnlichs. Des war nicht angenehm, weil des warn so spitzige Stoandln! Owa de hamm des super gelöst, weil man hodse so Matten ausleiha kinna,

pro Tag 20 Euro. De warn sehr bequem! Und farblich hamms zu de Fliesen vom Pool passt!

Gast B: Hund' sans scho, de Türken! Und vom Essen her? Hod alles passt?

Gast A: Einwandfrei! Hammel und Huhn in allen Variationen! An ungerade Tage Hammel, an gerade Tage Huhn, am Sunnta Hammel und Huhn, des war perfekt organisiert! Sie, i hob vorher no nie an Hammel gessn, owa nicht schlecht! Guat, i hätt jetza liawa an Riedscheknödel oder Pommes zum Hammelbraten gessn, ned allaweil bloß des Kuckucks oder Kuskus oder wia des hoaßt, aber: Andere Länder, andere Sitten!

Gast B: Freilich, do muaß mase anpassen! Und wer des Fremde ned probiert, der konn ned mitredn!

Gast A: Wobei i ab dem vierten Dog dann doch Pommes gessn hob, mir is des Kuskus einfach zu sättigend gwen! Irgendwann hob i des Gfühl ghabt, mi zreißts!

Gast B: Ach, hods Pommes aa gebn?

Gast A: Ja klar, des war ja a Vier-Sterne-Hotel! Do gibts natürlich aa erlesene Sachen wia zum Beispiel Pommes! Allerdings san de aaf da Karte als „special fud" gekennzeichnet gwen, do hod dann die Portion acht Euro kost, weil special fud war vo dem all inclusive ned erfasst! Da Ketchup war für oan Euro erhältlich, d'Mayo aa!

Gast B: Ja guat, wennst wos Bsonders willst, dann muaßt natürlich scho an finanziellen Beitrag leisten! Und getränkemäßig? Hod alles passt?

Gast A: Voll, alles frei! Wasser, Cola, Limo, Apfelschorle, Sprüzü Venül – alles frei! Sie, do hättst du acht Liter Cola saufa kinna, des hätt nix kost!

Gast B: Stark! Und Bier?

Gast A: Des war special drünküng, des hodma dann auf Wunsch für siem Euro die Halbe kaffa kinna. I hob ganz schee eineglitert, weil i hob mir denkt, wenn

	scho alles frei is, dann konnma scho amal a paar Euro für a Bier ausgebn! Insgesamt warns in de drei Wocha guat 250 Euro, wos i versuffa hob!
Gast B:	Hod do d'Frau ned gschimpft?
Gast A:	Naa, weil de hod um 320 Euro Cocktails gsuffa an da Bar! De warn aa special drünküng!
Gast B:	Ja super! Dann habts eichs richtig guatgeh lassen mit eierm Gewinn! Ja, so a Glück, des muaß ma scho feiern! Und des Zimmer? In Ordnung? Wars sauber?
Gast A:	Blitzsauber, war ja noglnei. Des war dermaßen nei, dass de Kloschüssel no gar ned angschlossen war! Samma immer unten in da Hotelbar zum Biesln ganga und groß aa, weil wenn d'Schüssel ned angschlossen is, dann konnst du unmöglich wos macha aaf dem Klo, des waar dodal peinlich! Vom Gschmack her und aa optisch!
Gast B:	Naa, des geht ned! Dann hoassts glei wieder: „De deitschn Saubärn!" Do muaß ma vorsichtig sei! Und die Betten?
Gast A:	Einwandfrei! Die drei Wochen Übernachtung warn tatsächlich voll kostenlos! Wars ja des scho wert! Noglneie Betten und des kostenlos! So einen Dusel hodma bloß oamol im Leben! Guat, mir hamm dann gsagt, a Bettwäsch waar ned schlecht und hamm uns dann vom Hotel oane ausglieha für 12 Euro pro Tag und pro Person. Owa des hamma nicht bereut, weil in der Nacht wars hübsch frisch! Und mei Frau hod gsagt: „Bevor i krank werd, nimme liawa a Bettwäsch!"
Gast B:	Do hods recht! Weil im Ausland krank wern, des is aa koa Vergnügen ned! I sog Eahna oans: Mein Schwagern hättens in Borneo im Krankenhaus ums Haarlhoor den rechten Daam amputiert, obwohl er bloß a Mandelentzündung ghabt hod!
Gast A:	Wahnsinn!

Gast B:	Ja, weil sie hamm eam mit an Schotten verwechselt, den wo a giftige Spinn bissn hod! Stellns Eahna des vor: De daan dem Schotten de Mandeln aussa und der arme Deifl stirbt an da Spinnenvergiftung, und des ohne Mandeln! Und mei Schwager hod koan Daam mehr, owa entzundene Mandeln! Nicht auszudenken! Guat, dass mein Schwager de Operationsvorbereitungen spanisch vorkemma san und er gsagt hod: „Moment, Männer, do stimmt ebbs ned!" Und dann hodse des Missverständnis aafklärt und er is unverstümmelt hoamkemma.
Gast A:	Nicht zum Glauben! Aaf jeden Fall hamma mir de drei Wochen voll genossen und so schee braun samma worn.
Gast B:	Ah geh, war's Weda so schee, ha?
Gast A:	Weniger, eigentlich bloß am ersten Dog, ansonsten hods grengt, in de Berge hods angeblich sogar gschniem! Owa im Hotel war a Sonnenstudio, do warma alle Dog zwoa Stund drin! Pro Stund hod des 11 Euro kost!
Gast B:	Des hodse rentiert, eine wunderbare Bräune! Ohne Schmarrn, schaut echt guat aus!
Gast A:	Danke für des Kompliment! Mei Frau is no braunerer, weil de is amal eigschlaffa in da Höhensonne!
Gast B:	So ein Glück!
Gast A:	Im Prinzip ja, owa seitdem hods an Juckreiz am obersten Ende vo de Oberschenkel! Owa des wird scho wieder! *Sieht auf die Uhr.* Apropos Frau: I muaß hoam! War a nette Unterhaltung!
Gast B:	Find i aa! Noja, dann wünsch Eahna no an schönen Abend! Und weiterhin soviel Glück!
Gast A:	Danke! Owa so an Dusel hodma normal bloß oamal im Leben!

Ausgefallen

Sepp: I mach jetza an Kurs bei da Volkshochschul!
Kare: Echt? Wos nacha?
Sepp: Wos ganz wos Ausgfallns!
Kare: A geh! Chinesisch oder wos?
Sepp: Naa, fettarmes Kochen!
Kare: Fettarmes Kochen? Des is doch ned ausgfalln!
Sepp: Und ob! Bis jetza waarn vier Abende gwesn und drei san ausgfalln!

Animalischer Urlaub

Kare: Und, Kare, wia wars im Urlaub?
Sepp: Wettermäßig eins A, owa des Hotel! Zum Grausen! Du, des war alles so dreckig! I bin wos gwöhnt, i arbeit im Wertstoffhof! Owa des war brutal! In da Küch vom Hotel: Hunderte von Fliagn! Pfui Deifl!
Kare: Arme Sau! Do hamma mir mehra Glück ghabt. Bei uns war nicht oa Fliagn im ganzen Hotel! De hamm alle d'Spinnen und d'Leguane gfressn!

Fußballväter in der D-Jugend

Vater 1:   Kevin! Keeeevin! Hauna eine, den Achter! Hau eam oane drauf auf seine X-Haxen! Dem Hundskrüppl ghörts ned anders! Wer nicht hören will, muss fühlen!
Vater 2:   Also hören Sie mal! Hetzen Sie doch Ihren Kevin nicht so auf! Das ist doch in höchstem Maße unsportlich! So etwas macht man nicht als Vater!
Vater 1:   Wos Vater? Da Kevin is ja ned mei Sohn, sondern da Achter!

Abgefahren

Sepp:　Jetza schneibts scho drei Dog hintereinander, jetza hob i reagiern miassn! Weil i hob abgefahrene Sommerreifen drauf ghabt, des geht einfach ned bei dem Wetter! Heit hobes owa do!

Kare:　Na Gott sei Dank, mei liawa! Des geht doch ned! Du konnst doch ned bei Schneeglätte mit abgefahrene Sommerreifen unterwegs sei! Unmöglich! Und unverantwortlich!

Sepp:　Ja eben! Des hob i mir aa denkt! Und drum hob i jetza abgefahrene Winterreifen drauf!

Gesunde Räumung

Kare:　Woaßt, wos i dir sog: Schneeraama is eine wahnsinnig gsunde Tätigkeit! Und kommunikativ! Du hörst immer des Neieste vo de Nachbarn, du bist allaweil up-to-date!

Sepp:　Des stimmt! I woaß des aus eigener Erfahrung und i bin nach dem Schneeraama immer topinformiert!

Kare:　Raamst aa so gern?

Sepp:　Naa, überhaupt ned! Owa mei Frau erzählts mir allaweil, wenns mitm Raama fertig is!

Regenerative Energie

Kare:　Jetza mit dem Atomausstieg wollns ja allaweil mehra de regenerativen Energieen eisetzn! Wind und Wasser und Bio und des ganze Zeig!

Sepp:　Des hob i aa glesn! Des Problem is natürlich, dass du aa de Voraussetzungen brauchst. Du konnst ned einfach irgendwo a Windradl aufstelln, du brauchst aa an Wind!

Kare:	Also do waar bei uns dahoam vor da Haustür a idealer Standort!
Sepp:	Echt? Geht do da Wind recht?
Kare:	Zeitweise scho, bsonders in da Nacht! Weil mei Frau macht immer einen Riesenwind, wenn i z'spät hoamkimm!

Alkohol und Zucker

Sohn:	Papa, gell, unser Nachbar, der arbeitet in da Zuckerfabrik?
Vater:	Wos? In da Zuckerfabrik? Der arbeitet doch ned in da Zuckerfabrik! Der is doch Schreiner! Wia kimmst denn aaf so an Schmarrn?
Sohn:	Du host doch gestern zu da Mama gsagt, dass du unsern Nachbarn im Wirtshaus troffa host.
Vater:	Ja und? Wos hod des mit da Zuckerfabrik zum dua?
Sohn:	Du host zu da Mama gsagt: „Der hod einen solchern drum Rausch ghabt, der macht bestimmt drei Dog koan Zucker mehr!"

Es wurmt

Sepp:	Unser Apflbaam tragt heier wahnsinnig guat!
Kare:	Super!
Sepp:	Von wegen super! Alle Äpfel san wurmig! Owa alle! Mir hamm alle wegwerfa miassn!
Kare:	Do hamm mir heier mehr Glück ghabt! Bei uns war nicht oancr wurmig! Alle kerngsund!
Sepp:	Und wos habts gmacht damit?
Kare:	Oan hob i gessn und den andern mei Frau!

Kavalier

Kare: Also des Eikaffa in de Tage vor Weihnachten, des is da helle Wahnsinn! Do wennst einekimmst ins Kaufhaus, da hauts di fast scho um: Die Bluatshitz, d'Heizung aaf 25 Grad eigstellt, du bist z'warm ozogn, weils draußen kolt is, der mufflige Gschmack, dassma fast dastickt, de Masse an Leit, weil jeder Idiot no drei Dog vor Heilig Abend schnell a Gschenk kaffa muaß, de Dränglerei – unzumutbar! Man sollt gar nimmer einegeh, des is ja gesundheitsgefährdend! Owa wos willst macha, man muaß!

Sepp: In wos für an Kaufhaus bist denn nacha gwen?

Kare: I? In gar koan, i bin doch ned bläd! Mei Frau hod mir des erzählt, wias vom Eikaffa hoamkemma is! Du, de hod dahoam no gschwitzt!

Sepp: Des glaub i! Und? Host ihr dann wenigstens wos Guats do, deiner armen Frau?

Kare: No freilich! I hob gsagt: „Hildegard, du schwitzt dermaßen! Jetzt holst mir a Bier ausm Keller, do is schee kühl!"

Aloha

Sepp: Wos schaust denn so schwärmerisch? Denkst an wos Scheens?

Kare: Ja, an ganz wos Scheens!

Sepp: An wos nacha?

Kare: An Hawaii!

Sepp: Hawaii? Wos is nacha mit Hawaii? Wega de Palmen und so? Wega da Schönheit der Natur?

Kare: Naa, wega da menschlichen Schönheit! I daad so gern nach Hawaii auswandern wega da menschlichen Schönheit!

Sepp: Des is klar, wega de scheena Weiber!

Kare:	Naa, ned wega denen! Wega mir!
Sepp:	Wega dir? Warum wega dir?
Kare:	Weil in Hawaii gelten wamperte Männer als schee!

Die Angst des Babysitters

Kare:	Omei! Gestern aaf d'Nacht hob i Babysitten miassn bei meine zwoa kloan Neffen – zwoa und vier Jahr old! Mir war natürlich scho mulmig, weil meine Kinder san scho groß und i hob ned gwisst, ob i mit so Säuglinge no umgeh konn!
Sepp:	Des glaub i dir! Mir sans aa a wenig unheimlich, wenns no so kloa san!
Kare:	Mei größte Angst war, dass des mit dem Eischlaffa ned hihaut! Weil woaßt ja, wias is: Mit dem Gfetz, wos kloane Kinder veranstalten, is des immer a Problem mit dem Eischlaffa!
Sepp:	Und? Hods highaut?
Kare:	Ohne Probleme! I bin um holwe neine scho eigschlaffa!

Orientierungslose Weise

Opa:	So, Michi, jetza schauma amal, ob du di auskennst in da Heiligen Schrift!
Michi:	Wou?
Opa:	In da Bibel! Mit Gott, Jesukindlein und dem ganzen Zeig.
Michi:	Achso! Do kenn i mi scho aus, weil i hob a Kinderbibel! De hod mir d'Tante Adelheid gschenkt, de is im Kloster! Da Papa sagt, schee is ned, owa in Himmel kimmts!
Opa:	Aha! Und? Hostas scho glesn, dei Kinderbibel?

Michi:	Naa, owa d'Bildln hob i scho ogschaut. De san voll cool. Da David und da Goliath. Ey, der Goliath is voll bläd! Er is zwar viel stärker wia da David, owa voll bläd! Der hod null Chance, weil da David is schlau wie Sau!
Opa:	Aha! Owa i frog di jetza ganz wos anders. Wia des Jesukindlein geboren is in Bethlehem, do san doch die drei Heiligen Könige kemma.
Michi:	Ja, scho. Da Kaspar, da Melchior und da Alcatraz!
Opa:	Balthasar hod der ghoaßn!
Michi:	Ja genau!
Opa:	Und de san vo ganz weit her kemma, vom Morgenland!
Michi:	Ja genau!
Opa:	Kennst du des Gegenteil vom Morgenland?
Michi:	Wahrscheinlich 's Abendmahl!
Opa:	Naa, ned Abendmahl, sondern Abendland!
Michi:	Ja genau!
Opa:	Und wia hamm de drei Könige higfundn zum Jesukindlein nach Bethlehem?
Michi:	Hams vielleicht a Landkarte ghabt?
Opa:	Naa, de hods damals no ned gebn!
Michi:	Oder so Schilder aaf da Straß? „Nächste Ausfahrt Bethlehem" zum Beispiel!
Opa:	Hods aa no ned gebn!
Michi:	Hm … ja, wia hamm denn nacha de do higfundn?
Opa:	De san wem gfolgt! Jetza denk amal nach: Wem kanntn de gfolgt sei? In da Nacht, dunkel, am Himmel die Sterne! Wem kanntn de gfolgt sei?
Michi:	Keine Ahnung!
Opa:	Einem Stern sans gfolgt! Und er hods nach Bethlehem gführt!
Michi:	Aahhh, einem Stern! Is der Mercedes aa zum Jesukindlein gfohrn?

Einsichten im Zoo

Kare: Gestern war i in Straubing im Zoo.

Sepp: Und?

Kare: Bluadig hoaß wars, a Gruppe junge Leit san in da prallen Sun umandaghupft, d'Burschen mit nacktem Oberkörper, Bier hamms trunka, Eis hamms gschleckt, Zigrettn hamms graucht, fette Burger hamms eineghaut und an bluatrotn Schädl hamms aufghabt. Und gsunga hamms und gschrian!
Und danebn war da Affenkäfig. Do is a Schimpanse im Schatten gsessn, ganz staad hod er an Apfel gessn. Und in dem Moment is mir der Gedanke kemma!

Sepp: Wos nacha für a Gedanke?

Kare: Eventuell is der Mensch ned de Weiterentwicklung vom Affen, sondern umkehrt!

Omas Fasching

Oma: Omei, i schau mir so gern de Faschingssendungen im Fernseh o! Da hob i des Gfühl, i bin wieder a ganz a jungs Deandl!

Enkel: Weil de so schee tanzn, gell, und weil de so schöne Kostüme hamm und weil soviel junge Deandln und Burschen aaftretn!

Oma: Naa, weil de Witze alle aus meiner Jugendzeit san!

Der tiefere Sinn

Onkel: No Noel, heit host ja Erstkommunion!

Neffe: Ja, des is voll cool!

Onkel: Woaßt du überhaupt den Sinn von der Erstkommunion?

Neffe: Ha?

Onkel:	Obst du woaßt, wos der Sinn is von der Erstkommunion! Des is doch ganz wos Bsonders!
Neffe:	Wos nacha?
Onkel:	No geh, do kimmst doch selber draaf! Wos host du heit des erste Mal in dein ganzen Leben kriagt? Des is der Sinn der Erstkommunion!
Neffe:	Achso! An Hundert-Euro-Schein!

Kulturaustausch

Sepp:	Oans muaßma de Franzosen lassen: Sie hamm eine Kultur! Grad beim Essen!
Kare:	Ehrlich? Wia kimmst jetzta akkrat aaf des?
Sepp:	Weil mei Sohn, der war zwoa Wocha in Paris als Austauschschüler! Der woaß jetza, wia der Mann von Welt isst!
Kare:	Echt jetza? Wia äußertse des?
Sepp:	Früher, do hod er zum Frühstück an Pressog gfressn wia a Sau! Owa seit er in Paris war, macht er des nimmer! Jetza frisst er an Croissant wia a Sau!

Büffel

Er:	Schatz, heit is doch Muttertag!
Sie:	Ja genau!
Er:	Woaßt wos? Normal duast du den ganzen Dog waschen und kocha und putzn! Des machst heit ned! Heit duast amal den ganzen Dog bloß, wos dir Spaß macht!
Sie:	Mei danke, Schatz! Des is owa liab!
Er:	Gell! Waschn und kocha und putzn kannst ja dann aaf d'Nacht!

Blutrache

Sepp: I werd no narrisch! Mi regn de Sauviecher dermaßen aaf!

Kare: Wos für Sauviecher?

Sepp: De Muckn! De elendigen, verfluachten Muckn! Letzte Nacht warn mindestens fünf in mein Schlafzimmer! Und dauernd sans um mein Kopf umegsurrt und gstocha hammsme aa! I hob maximal drei Stund gschloffa und jetza hob i Schädlweh!

Kare: Des kenn i! Des Problem hob i aa ghabt! Owa i hob mi bitter gerächt!

Sepp: Echt? Wia gerächt? Hostas daschlogn, de Krüppln?

Kare: Schlimmer! I hob mir einen Riesenrausch ogsuffa und dann hob i im Schlafzimmer 's Fenster aafgmacht und 's Liacht aafdraaht. Dann sans kemma und hamm mi gstocha. I hob nix gspürt, weil i dermaßen bsuffa war. Owa de Muckn, de hamm bestimmt drei Dog Schädlweh ghabt vo mein Bluat!

Herr im Haus

Sepp: Kare, unter Männern: Mi regt des aaf, dass mei Frau dauernd in mein Geldbeidl eineschaut, wiaviel Geld dass drin is!

Kare: Des is a Sauerei! Des daad i mir nicht bieten lassen!

Sepp: Gell, des hob i mir aa denkt! Immerhin bin i da Herr im Haus! Und drum hob i gestern amal gscheit am Tisch ghaut! „Hannelore", howe gsagt, „ich verbitte mir des, dass du allaweil in mein Geldbeidl eineschaust!"

Kare: Oläck! Host ihrs gscheit geigt!

Sepp: Jawoll! „Und überhaupt", howe gsagt, „und überhaupt: Du woaßt ja eh, wiaviel Geld dass i hob, weil

du gibst mir ja an jedem Ersten mei Taschengeld!"
Do hods gschaut! I hoff bloß, dassmas ned kürzt!

Handelsexperten

Kare: So, heit hob i an Christbaam kafft! Endlich!

Sepp: Und? Host gscheit ghandelt? Weil beim Christbaam-kauf, do muaßma handeln, do derfma ned glei des zahln, wos der Baraber sagt! De **wolln** direkt, dassma schachert!

Kare: Ja moanst, i bin bläd! Selbstverständlich hob i ghandelt! Z'erst wollt er 38 Euro. Dann hob i gsagt, er soll mir des fachlich erklärn, warum de Stauern 38 Euro kost. Dann hod er mir gsagt, dass des a Bio-Tanne aus Schweden is und dass de vor Ostern nicht na-delt. Und dass de an Duft ausströmt, dass des ganze Wohnzimmer schmeckt wie ein schwedischer Tan-nenwald. Bio natürlich! Eigentlich miassert der Baam 60 Euro kosten, vo da Qualität her! Hoda gsagt.

Sepp: Jaja, aso sans, de Händler! 60 Euro! Lächerlich! Du bist hoffentlich ned draaf einagfalln!

Kare: Ja moanst, i bin bläd? I hobna aaf 50 Euro owaghan-delt! I lass mi doch ned verarschen! Wenn der glaubt, dass er an Deppen vor sich hod, dann is er bei mir genau richtig!

Geniales Rezept

Sepp: Guat schaust aus, Kare – is des a neie Hosn?

Kare: Und a neis Hemad! I hob in acht Wochen 11 Kilo ab-gnumma! Und zur Feier des Tages hob i mir a neis Gwand kafft!

Sepp: Elf Kilo? In acht Wochen? Ja Wahnsinn! Wia host denn des gschafft?

Kare:	Bier und Schnaps!
Sepp:	Wos Bier und Schnaps?
Kare:	Jede Menge Bier und Schnaps!
Sepp:	Ha? Und do host du aso abgnumma?
Kare:	Ja! Weil mei Frau war beleidigt, weil i soviel sauf und hod mir zur Strafe nix kocht!

Rockohren

Kare:	Und? Alles klar dahoam? Kinder gsund, Frau arbeitsfähig?
Sepp:	Mei Sohn war am Wochenende aaf an Rockkonzert! Schwermetall!
Kare:	Schwermetall?
Sepp:	Heavy Metal!
Kare:	Aha! Und? Hods eam gfalln? Wos sagta denn?
Sepp:	Des, wos er allaweil sagt, wenn eam nach an Rockkonzert wos frag: „Ha? Wos sagst? I hör nix!"

Mensch und Tier

Kare:	Des blöde Viech, des blöde!
Sepp:	Viech? Wosn für a Viech?
Kare:	Bei mir dahoam is des jeden Dog in da Friah um halbe viere des Gleiche: Do hockt im Garten am Baam obn a Vogel und schreit und singt dermaßen laut, dass i nimmer schlaffa konn! I derschlag den no!
Sepp:	Jamei, der kann ja nix dafür! Der muaß des macha, vo da Natur aus! Der schreit und singt und hofft, dass er endlich a Weibchen find!
Kare:	Segst, des is der Unterschied zwischen Mensch und Tier! Wenn i in da Friah um halbe viere schrei und sing, dann sitz i ned am Baam obn, sondern im Wirtshaus! Und dann hoffe, dass mi mei Weibchen ned find!

Gefällt mir

I bin jetza aa im Facebook!

Z'erst wollt i ja ned, weilma allaweil hört, do isma a gläserner Mensch und dodal durchschaubar und jeder woaß alles über oan. Owa dann hod da Kare zu mir gsagt, dass heitzudogs jeder Hanswurscht im Facebook is.

„Ja, wenn des aso is, dann", hob i gsagt, „dann muaß i aa eine!"

Und es is ja wirklich aso: Wenn du do ned drin bist, dann lebst du ja wie ein Ureinwohner im Amazonasgebiet! Und sogar von denen san manche scho im Facebook, also zumindest da Häuptling hod an Account und wahrscheinlich aa a Flatrate und a paar „Freunde".

I hobs nicht bereut, dass i Mitglied worn bin im Facebook. Endlich woaß i, wos aaf da Welt lafft!

Und technisch is des überhaupt kein Problem, des geht supereinfach, des konn sogar i als Laie! Du gibst einfach dei Mailadress ei und dann a Passwort und des wars, scho bist drin!

Dei Kennwort derfst du natürlich koan sogn, des is geheim! Sunst kimmt ja jeder Depp in dei Profil eine. Des is genau aso, als daadst du an wildfremden Menschen dein Haustürschlüssel gebn.

I zum Beispiel hob mei Passwort in „Eigene Dateien" abgespeichert unter dem Tarnnamen „Wortpass Bookface", do kimmt kein Mensch draaf, ned amol mei Frau, und de kimmt oft aaf wos draaf! Und wenn i amal vergiss, dass mei Passwort „Weißwurst" is, dann schau i einfach im Ordner „Wortpass Bookface" nach und zack, woaßes wieder! Weil bläd bini ned! In dem Ordner san aa meine Kennwörter für's Homebanking und für Amazon drin, vorsichtshalber!

Beim Homebanking hob i übrigens „Eurokrise" als Passwort! Is des ned wahnsinnig originell? Grad in der jetzigen Situation! Ewig schad, dasses koan sogn derf, meine Kumpl daadn do bestimmt drüber lacha!

I hob durch des Facebook a völlig neie Welt entdeckt!

Vor allem dank meiner Freunde, inzwischen hob i scho 728 Stück! Kenna dua i de meisten ned. Oaner, a gwisser Jan, is sogar vo Hamburg, owa des is wurscht, weil bei dem Riesenfreundeskreis konnst einfach ned verhindern, dass amal a Preiß oder sogar a Fischkopf einerutscht!

Neulich hod mir a Weiberts aus da Ukraine d'Freundschaft angeboten. Ein Wahnsinn, wia de ausgschaut hod: Blond, blauäugig, eine Superfigur, schätzungsweise 25 Johr alt. I hob owa des Freundschaftsangebot ned ognumma, weil mi hod einfach ihra Nam a weng abgschreckt: Olga Blasova hoaßts! Do hob i mir denkt: „Wenn der Nomen ein Omen is, dann hawedehre!"

Owa insgesamt is Facebook einfach dodal interessant!

Es gibt Leit, de schreim alles, owa wirklich alles eine! Ganz private Sachen, de eigentlich koan wos ogenga. Oane vo meine digitalen Freindinnen schreibt zum Beispiel jeden Dog, wos sie zum Frühstück isst, jeden Dog! Gestern an Orangensaft, an Milchkaffee und a Kroso – ich vermute, sie moant Croissant, konn aber nicht französisch. Trotz dera sprachlichen Schwäche is ihra Speisenfolge leicht erkennbar, weil sie macht immer a Foto vom Frühstück und stellts dann ins Facebook eine. Und aaf dem hob i eindeutig ein Croissant erkannt, glei neba ihran Handy is glegn. Weil i hob mir denkt: „Schreim kinnanses ned, owa fressn miassnses!"

Es is ja vo Haus aus besser, a Meldung mit an Foto zu veranschaulichen, weil „ein Bild sagt mehr als 1000 Worte" hoaßts.

Wobei des allerdings ned ausnahmslos gilt! Weil oaner vo meine 728 Freunde hod neilich einegschriebn: „War jetzt innerhalb von zwei Stunden schon zum fünften Mal auf dem Klo wegen brutalem Durchfall!" Do möcht i dann liawa koa Foto seng, des glaube eam schriftlich aa! Um mei Anteilnahme zu beweisen, hob i „Gefällt mir" druckt.

Wunderbar san de Lebensweisheiten, de wos meine Freunde regelmäßig eineschriebn bzw. „posten", wiama heitzudogs sagt!

A aktuells Beispiel: Neulich postet a gwisser Andi aus Niederbayern folgende bemerkenswerte Weißheit (Entschuldigung, ich weiß, dass es „Weisheit" hoaßt, owa er hods aa mit Scharf-Ess gschriebn):

„Ein Mann muss nicht schön sein, sondern interessant!" Toll! I hob glei aaf „Gefällt mir" druckt und 64 andere, de vermutlich aa ned guat ausschaun, aa.

Oder die Dagmar aus München, de hod wos Hochphilosophisches gschriebn: „Ihr kotzt mich alle an!" Jawoll, sog i do, bravo! Viele denkens, owa die Dagmar, de sagts, de hauts ausse in die elektronische Welt! Mit derartigen Weisheiten machtmase grundsätzlich keine Freunde, owa man braucht ja koane, weil im Facebook gibtses zum Saufuadern!

Und für wos san Freunde da? Genau – dafür, dassma eana seine Probleme erzählt! I woaß jetza zum Beispiel dank Facebook folgendes Problem:
Die Elke war mit der kloan Laura beim Psychologen und da Psychologe hod festgstellt, dass die Laura schlecht soziale Kontakte knüpfen konn und darum immer Beziehungsprobleme haben wird, lebenslang! Und des hod die Elke ins Facebook einegschriebn! Wahnsinn!
Die Anteilnahme war riesig – insgesamt 28 Kommentare, unter anderem vo da Dagmar, de alle ankotzen! Jeder hod de kontaktarme und beziehungsunfähige Laura bedauert. Und i hob mir denkt: „Um Gottes Willen! Jetza woaß de ganze Welt, dass die Laura gschreckt is! De wenn aus da Schul kimmt und bewirbtse irgendwo, de hod koa Chance!" Um die Laura aufzumuntern, hob ihr aa an Kommentar einegschriebn: „Liebe Laura, halt durch! Ich war auch ein seltsames Kind und bin trotzdem Beamter geworden! Alles wird gut!"
I war dann direkt beruhigt, wia die Elke drei Dog später gschriebn hod, dass die Laura a Hund is, a Pinscher! Do hob i dann aus spontaner Erleichterung „Gefällt mir" druckt, weil a gschreckter Hund is im Endeffekt ned so tragisch.

I war ja am Anfang sehr schüchtern im Facebook und hob kaum wos gepostet. Owa mit der Zeit wirdma selbstbewusster und jetza bini scho soweit, dass i manchmal direkt digitale Spassettln mach!
Zum Beispiel hob i neilich einfach folgendes gepostet: „Den größten Rausch hatte am Samstag der Erwin!" Sunst nix, bloß den Satz! Wos glauben Sie, wos des für eine Resonanz hervorgerufen hod, Wahnsinn! 38 „Gefällt mir" und 22 Kommentare! Wia konn des sei, dass des 38 Menschen gfallt, wenn der Erwin, den keine Sau (i übrigens aa ned) kennt, einen drum Rausch hod? Und wia konn des sei, dass ein gewisser „Börnie" in seinem Kommentar zu meiner dodal sinnlosen

und frei erfundenen Meldung bestätigt, dass da Erwin immer den größten Rausch von allen hat?

Meine echten Freunde, also de vo mein Stammtisch, de hamm gsagt, dass sowos ganz dumm ausgeh konn! Weil es kannt ja durchaus sei, dass irgend a Erwin, der tatsächlich am Samstag bsuffa war, des lest und persönlich nimmt und mi hasst, weil i eam öffentlich an den Pranger gstellt hob. Und dassase dann auf ähnliche Weise an mir rächt! Und des konn einem verheirateten Mo wie mir, der in der Öffentlichkeit steht, teuer zu stehen kemma!

Oh Gott, des stimmt! Hiermit entschuldige i mi bei alle bsuffan Erwins – koaner vo eich war gmoant, des war frei erfunden mit dem Rausch am Samstag!

Und sollte oaner vo Eahna, liebe Leser, im Facebook demnächst folgende Meldung lesen:

„Ich habe Toni Lauerer, nur mit einem rosa Stringtanga bekleidet und sturzbetrunken, in Tschechien in einem erotischen Etablissement getroffen!" – bitte glaubens des ned, bitte!

Des hod bestimmt oaner vo de bsuffan Erwins gepostet!

Das Leben ist ein Gedicht

Wo kemma her, wo gehma hi?
Wia is des mit dem Lebenslauf?
Kapiern werma's mir zwoa nie!
Owa schreim konn i drüber: Jetza pass auf!

Die Entstehung

Z'erst bist nix, bist bloß a Idee,
im Hirn drin vo zwoa junge Leit,
doch dann denkt sich eine Spermie:
„I glaub, i packs, heit is soweit,
i bleib ned länger mehr alloa,
i möcht mi möglichst schnell vermehrn!"
Dann ruderts hi zu einem Oa,
scho is ein Braten in der Röhrn!
Da Bauch der Frau wird langsam runder,
sie denktse: „Mir is aa scho besser ganga!"
Ihr is sauschlecht, des is koa Wunder,
weil sie is ja schwanger.
So, jetzt bist a Embryo, doch du wachst und wachst
und nach 9 Monat is soweit,
di druckts aussa, obwohlst du gar ned magst
in die brutale Wirklichkeit.

Die Ankunft

Des Liacht so grell, de Luft so kolt,
du bist schockiert, fangst o zum Flenna,
bist grad erst drei Sekunden olt,
und denkst: „In da Mama drin wars scheener!"
Jetza bist do aaf dera Welt,
a neis Geschöpf aaf dem Planeten,
bringst zwar scho a Kindergeld,
konnst owa no kein Wort reden.
Drum schreist manchmal, mitten in der Nacht,

deinem Umfeld is des ziemlich zwider,
du host in d'Windel einegmacht,
80 Johr später passiert des wieder!

Die Jugend

Die Jahre gengan gschwind durchs Land
die Zeit vergeht und du gehst mit,
und dir wird aafamol bekannt,
dass zwoa Sorten Menschen git!
Di interessiert des andere Geschlecht,
a Freundin waar der Inbegriff des Glücks,
owa die Welt ist ungerecht
und es schiabtse nix!

Du glaubst, du bleibst ein Leben lang
alloa und koane schaut di o,
doch mittendrin geht doch wos zamm,
und bist du schaust, bist ihra Mo!
So, jetza seids ein Ehepaar,
jung verheiratet, koa Hirn, koa Geld,
owa trotzdem is alles wunderbar
und ihr umarmts de ganze Welt!
Aso sollts bleim ein Leben lang,
gsund und fit, voll Energie,
optimistisch, mutig, vor nix bang,
owa leider – so bleibts nie!

Die Mitte

Nicht zum Glauben, wia die Zeit verrinnt,
vor kurzem no warst a Kind, a kloans,
jetza stehst du im Kreißsaal drin
und dei Frau kriagt selber oans.
Du lachst, du woanst, bist ganz gerührt,
host ein gesundes Töchterlein,
du hoffst, dass a schlaue Schönheit wird,

dann kanntst als Papa stolz draaf sein!
Und tatsächlich, sie wird a Gscheide,
der Körper schlank, die Haare weich,
optisch eine Augenweide,
weil gottseidank schauts dir ned gleich!
Und weida gehts und immer weida,
aa die Tochter wird a Frau,
du wirst immer älter, leider,
und die Reste von de Hoor wern grau.
Jenseits der 50 bist jetza scho,
mit 20, do hast dir damals dacht:
„Mit 50 isma a olter Mo!",
und über d'Midlifecrisis glacht.
Jetza bist selber oaner von de Typen,
die in der 2. Halbzeit san,
de im Fitnessstudio üben
und mit dem Radl ihre Runden draahn.
Weil „man ist so alt, wie man sich fühlt!",
so sagst im Kreis vo deine Freind,
hast a Salbe, die d'Hämorrhoiden kühlt
und a Avocadocreme für'n Teint!
„Halt, langsam!", denkst dir, „Zeit, bleib steh,
warum vergehst denn gar so schnell?"
Aso wia jetzt kannts weidageh,
sowohl gsundheitlich als auch finanziell!

Der Abend

Und dann, ja dann, dann is soweit,
der Stress is weg, da Akku leer,
du host plötzlich ganz viel Zeit,
weil du ghörst zum Rentnerheer!
Du bist Besitzer einer Brücke,
naa, ned im baurechtlichen Sinn,
in deinem Gebiss, do klafft a Lücke,
drum host du falsche Zähne drin.

Doch oans is klar, des lasst ned aus:
Du bist immer no a Mo,
und gehst alloans du aus dem Haus
schaust dir no gern de Deandln o!
Und de, de san ganz nett zu dir,
sie lächeln, setzn sich neben di,
des kimmt dir anfangs komisch fir,
weil so nett warn de früher nie!
Bis du merkst, an wos des liegt,
warum des in deiner Jugend anders war:
Als Jungen hamms di bloß ned gmigt,
weil do warst für sie a Gefahr.
Des bist jetza wirklich nimmer,
du bist seriös und ruhig worn,
und du bist, des is no schlimmer,
ein Stier mit einem stumpfen Horn!
Nachdenklich sitzt du im Cafe
und segst ei, es is zu spät;
san de Deandln no so schee,
es is egal, weil nix mehr geht!
Früher, im Banne der Hormone,
hostas verfolgt auf Schritt und Tritt,
host gschaut, is mit BH oder is ohne,
heit kimmst einfach nimmer mit!

Steht heit oane aaf, dann bleibst du hocka
und nimmst brav dein Beta-Blocker!

Der Abschied

„So", hoaßts mittendrin,
„ich waar jetzt der Gevatter Tod!
Ich bring dich zu deinem Herrgott hin,
vorbei sind Schmerz und Pein und Not!"
Und du ärgerst di dann sehr,
aa wennst alt scho bist und gschlaucht,
denkst: „Akkrat heit kimmt der daher,

nach mir wenns gang, des hätts ned braucht!"
Und du sagst zum Tod: „OK,
dann is halt jetzt der Punkt erreicht,
wennst moanst, dann muaß i geh,
owa oans sog i dir, es is ned leicht!"

Weil das Leben, jeder Dog und jedes Jahr,
vom ersten Schrei bis zum letzten Furz,
des is einfach wunderbar,
owa leider viel zu kurz!

Der Daacher Sepp

Gast:	Äh, Herr Wirt, ist es gestattet? Kann man sich hier her setzen an diesen Tisch?
Wirt:	Do frongs liawa 'n Anderl, weil des is da Stammtisch! Do konnse ned a Auswärtiger einfach herpflanzn!
Gast:	Wie bitte? Ich hab sie nicht verstanden!
Wirt:	Wou bistn nacha her, wenne frong derf?
Gast:	Wie bitte?
Wirt:	Wo du herkommen tun?
Gast:	Achso, wo ich herkomme! Ich komme aus Gotha!
Wirt:	Is des in Poln?
Gast:	Neinnein, in Deutschland!
Wirt:	Do schau her! Glauben möchstas ned! Und? Mochst Urlaub bei uns oder wos?
Gast:	Nö, keinen Urlaub! Ich habe einen Geschäftstermin, ich bin Landmaschinenvertreter!
Wirt:	A Bulldoghausierer! Orme Sau!
Gast:	Wie bitte?
Wirt:	Is scho recht! An Geschäftstermin host?
Gast:	Ja genau! Und jetzt wollte ich mir noch kurz eine Brotzeit kaufen! Denn Essen und Trinken hält Leib und Seele zusammen, gell!
Wirt:	Jawoll! I sog allaweil: A Brotzeit is a Brotzeit! Sog i allaweil! Do konn oaner sogn, wosa mog, a Brotzeit is a Brotzeit!
Gast:	Eben! Und? Darf man sich jetzt hier hin setzen an diesen schönen großen Tisch?
Wirt:	Da fragens lieber den Anderl, weil dieses ist der Stammtisch! Da sitzen normal nur Eingeborene, Hiesige quasi!
Gast:	Den Anderl? Wo ist denn dieser Anderl?
Wirt:	Der is bloß kurz am Abort ganga, der wird glei wieder kemma! Omei, da Anderl! Da Anderl, der passt scho! A weng seltsam isa, owa er passt scho! *Schüttelt lächelnd den Kopf.* Da Anderl!

Gast:	Was ist denn mit dem Anderl?
Wirt:	Naa, er passt scho! Er wird eh glei kemma, dann segst eam ja! Wos magst denn essn? Frische Sulzn hättma do! Und Bluat- und Leberwürscht! Heit is Moda, heit hamma gschlacht! An Bressog gaabs aa! Weiß, rout, sauer, und: Schee fett! I sog allaweil: „So richtig nett, wirds erst mit Fett!" Des is aso a Spruch unter uns Metzgern!
Gast:	Nein, so was mit Blut und Leber nicht; ich denke, eine Sülze ist jetzt gerade richtig!
Wirt:	Knöcherl oder normal?
Gast:	Wie bitte?
Wirt:	Eine Knöcherlsülze oder eine normale?
Gast:	Eine normale bitte, die andere ist mir jetzt nicht so geläufig!
Wirt:	A normale! Do host a Glück ghabt, weil a Knöcherlsulz is moane bloß no oane do! Und de wird da Anderl wolln! Da Anderl isst nur a Knöcherlsulz, nur! Wenn er überhaupt wos isst! Meistens safft er bloß! Da Anderl is ein leichter Esser, owa ein schwerer Trinker!
Gast:	Ach was!
Wirt:	Jaja, wennes dir sog! Mei, der Anderl! *Schüttelt erneut den Kopf.* Und willst wos trinka aa?
Gast:	Ja, gerne! Ein kleines Bier bitte!
Wirt:	Alles klar, eine Halbe! Aah, do kimmta ja scho, da Anderl! Anderl, der Mo will di wos frong! Owa red langsam, der is vo Moskau!
Anderl:	Bis vo Moskau?
Gast:	Gotha!
Wirt:	Ach ja, Gotha! Noja, im Prinzip is ja wurscht!
Anderl:	*Gibt dem Gast die Hand, der sie leicht erschrocken zurückzieht, da sie noch feucht ist vom Toilettenbesuch.* Griaß God! *Zum Wirt:* Ja fix, hods mi jetza durchgraamt! Und stinka duats, wia wenn i Putzhadern

	gfressn hätt! Des rohe Sauerkraut, des is wia a Dynamit!
Wirt:	Owa gsund! Grod fürn Darm! Da Chinäs sagt: „Der Tod sitzt im Darm!" Und da Chinäs, der kennste aus, gsundheitlich, des is bekannt! De san alle giezgelb und trotzdem gsund! Bei uns wenn oaner aso a Farb hod, dann hod der hochgradig Hepatitis! A Chinäs halt des aus!
Anderl:	Des scho! *Zum Gast:* Und wos wollns mi nacha frong?
Gast:	Ist es gestattet, dass ich mich an den Stammtisch setze? Ich esse lediglich eine Sülze!
Wirt:	A normale, ned dei Knöcherlsulz! Ned dass du moanst, der isst dei Sulz, Anderl!
Anderl:	Is wurscht, i iss heit eh nix! Ned dass mi wieder durchraamt! No frale, setzens Eahna her! Is doch Plotz gnua!
Gast:	Danke! *Setzt sich an den Stammtisch.*
Wirt:	I kimm glei wieder, i hol bloß de Sulz und des Bier. Willst koa Knöcherlsulz? Weil da Anderl mogs jetza gor ned, de oane!
Anderl:	Also, wenn Sie liawa a Knöcherlsulz wolln, kein Problem! I mogs ned momentan!
Gast:	Nein danke, eine ganz normale Sülze!
Wirt:	Oa Knöcherlsulz waar no do! De konnst gern hom, kein Problem! I moch ja am Montag wieder neie!
Gast:	Nein, wirklich, i nehme eine ganz normale Sülze!
Wirt:	Alles klar!
Anderl:	*Zum Wirt:* Woaßt wos, bringma doch de Knöcherlsulz! Dass wegkimmt!
Wirt:	Du muaßtas fei ned essn, Anderl! De kimmt scho weg! Notfalls iss i! Bei mir kimmt alles weg, do gibts nix!
Anderl:	Naa, brings! Wird nacha scho drinbleim in mir, de Sulz!

Wirt:	Alls klar, Anderl, dann bringes! *Zum Gast:* Guat, dass du a normale Sulz willst, weil wennst jetza aa a Knöcherlsulz gwollt hättst, dann hättma a Problem!
Anderl:	Hättma ned, weil i muaß ja ned unbedingt oane hom! *Zum Gast:* Ned, dass Sie moana, i muaß oane hom! Wenn Sie de Knöcherlsulz wolln – kein Problem! Sie brauchens bloß sogn! I verzicht gern!
Gast:	Nein, essen Sie ruhig die Knöcherlsülze! Ich möchte eine normale!
Wirt:	Da Anderl daad notfalls verzichten! Weil eam is eh ned recht, vom Darm her!
Gast:	Nein, wirklich, ich möchte trotzdem eine normale Sülze! Keine Knöcherlsülze!
Wirt:	Alles klar! I brings glei! *Geht.*
Anderl:	Nacha san Sie vo Gotha!
Gast:	Genau!
Anderl:	Da naxte Weg!
Gast:	Wie bitte?
Anderl:	Des is aa ned grod ums Eck ume!
Gast:	Sie müssen entschuldigen, aber ich verstehe Sie sehr schlecht! Wie meinten Sie?
Anderl:	Ist hübsch weit weg, des Gotha!
Gast:	Jaja, so 600 Kilometer dürften es schon sein!
Anderl:	Wenn ned mehr!
Gast:	Oder so!
Anderl:	I bin ja direkt vo do! I stamm do o!
Gast:	Hier, direkt aus dem Dorf?
Anderl:	Direkt! Scho seit Generationen! Ewig samma mir scho do! Do is ned amol no d'Straß teert gwen, da warma mir scho do! Und vorher aa scho!
Gast:	Ach was – so lange schon?
Anderl:	No länger! Mei Familie, väterlicherseits, mir samma Ureinwohner! D'Weiber hamma allaweil vo andere Dörfer gholt! Dass a frischs Bluat einakimmt ins Dorf! Ned dass irgendwann alle mitananda verwandt san! San eh soviel verwandt! Mei, wo bisten

	früher scho hikemma, ohne Auto? De erste, wo du troffa host, host packt vom Gnack! Do hodma ned so hoagla sei kinna, dassma gsagt hätt: „I mog a Blonde oder a Schlanke oder a Reiche!" Man hod gnumma, wosma dawischt hod! Aso wars damals! Packt hodma alls, wos ned bei drei am Baam obn war!
Gast:	Eben! Ich hab zwar nicht alles verstanden, aber ich denke, es ging um die Brautschau in früheren Zeiten, oder?
Anderl:	Genau! Des wird bei eich ned anders gwesn sei in Potsdam!
Gast:	Gotha!
Anderl:	Isa wurscht! So, jetza kemmand d'Sulzn!
Wirt:	So, an guadn Appetit wünsch i! *Stellt die Sulzen auf den Tisch.* Do is a Brot und da Pfefferstreuer!
Gast:	Dankeschön! *Streut heftig Pfeffer über die Sulz und nimmt dann den ersten Bissen.* Mmhhh! Sehr gut!
Wirt:	Des möchte i moana!
Anderl:	Und d'Knöcherlsulz is aa ned schlecht!
Wirt:	Des hörtma gern! *Zum Gast:* Und du host an Geschäftstermin?
Anderl:	An Geschäftstermin hoda?
Gast:	Ja, ich bin Landmaschinenvertreter! Ich habe einen Termin bei Herrn Josef Grundlbauer! Sie können mir doch sicher sagen, wie ich da hinkomme!
Anderl:	Josef Grundlbauer? Wer isen des? *Zum Wirt:* Schore, kennst du an Josef Grundlbauer?
Wirt:	Josef Grundlbauer? Hm … also im Moment …hm … Josef Grundlbauer … *Zum Gast:* Und der soll do wohna, bei uns?
Gast:	Ja, am Telefon sagte er, er wohne in Brandling! Das ist doch hier Brandling, oder?
Wirt:	Frale! Des is Brandling! Scho allaweil! Owa Josef Grundlbauer – Mensch Meier, wer soll denn des sei?

Anderl:	Du Schore, hoaßt ned da Daacher Sepp in echt Josef Grundlbauer? Da Daacher Sepp, der hoaßt doch in echt Josef Grundlbauer!
Wirt:	Genau, da Daacher Sepp! No frale, da Daacher Sepp! *Zum Gast:* Des is da Daacher Sepp! Da Daacher Sepp ist des! Einwandfrei!
Gast:	Das ist wohl der Hausname, wie Sie hier in Bayern sagen?
Anderl:	Sei duads aso: Da Sepp, des is ja a Higheirata!
Gast:	Ein was?
Wirt:	A Higheirata! Sei Wei, de hod den Hof girbt, weil ihrane Leit san scho recht friah gstorm!
Gast:	Äh, das habe ich jetzt nicht verstanden, könnten Sie etwas langsamer und deutlicher sprechen? Und vielleicht ein wenig hochdeutsch?
Anderl:	Der Sepp ist ein Hingeheirateter! Sein Wei irbte das Anwesen, wal ihre Leute wurden nicht alt! Der Vater verendete mit 58, die Mutter mit 61!
Wirt:	Sagtma do echt „verendete", Anderl?
Anderl:	In hochdeitsch scho! Aaf jeden Fall is da Daacher Hans, des war ihra Voda, bloß 58 Johr worn! Der is vom Kerschbaam owagfolln – zack, Genickbruch! Schmerzfrei, owa tödlich! Do hoassts allaweil, Obst is gsund! Aso ein Schmarrn!
Gast:	Tragisch!
Wirt:	Dodal tragisch! Des war eine Anteilnahme damals – unbeschreiblich! Und d'Daacher Rosa, de hod damals vor lauter Zorn den Kerschbaam umgschnittn! Obwohl dass er dermaßen guade Kerschn ghabt hod, so dunkle Herzkerschn!
Anderl:	De warn super! Schneid de den Baam um! Da Baam konn aa nix dafür! Hätt er acht geben, da Hans, der kannt heit no lem!
Wirt:	Ja guat, eventuell waar er inzwischen anderweitig gstorm!

Anderl:	Wissen konnmas ned! Owa ewig schad is um den Baam! Des warn de besten Herzkerschn vo ganz Brandling!
Wirt:	Und Umgebung!
Anderl:	Und Umgebung, genau!
Gast:	Interessant! Es geht scheinbar um Kirschen!
Wirt:	Genau! Schau her, des host jetza verstanden!
Gast:	Und weil der Schwiegervater Daacher hieß, nennt man den Herrn Grundlbauer jetzt auch Daacher!
Anderl:	Genau! Haargenau! Des war scho allaweil aso: Da Nam bleibt am Hof! Do konn hiheiraten, wer will!
Wirt:	Genau! Und samma uns ehrlich: „Grundlbauer" is aa a Scheißnam! Do klingt „Daacher" scho nobler!
Gast:	Naja, das ist Ansichtssache! Auf jeden Fall habe ich jetzt dann einen Geschäftstermin bei Herrn Grundlbauer bzw. Daacher! Könnten Sie mir wohl den Weg kurz beschreiben? Hier mit diesen vielen Einzelgehöften ist das gar nicht so einfach zu finden!
Wirt:	Jaja, Brandling is gewaltig vastraht! Flächenmäßig samma doppelt so groß wia Wemprofting, owa Einwohner hamma bloß d'Hälfte! Mir hamm 184 und de hamm 380! De san viel dichter besiedelt! Sau hamma mehra, Einwohner bloß 184!
Anderl:	183 hamma, weil gestern is doch d'Grundlinger Zenz gstorm!
Wirt:	Genau! D'Zenz! Morgen is da Leichtrunk bei mir! A drumm Verwandtschaft, des wird voll morgen!
Gast:	Ja gut, aber könnten Sie mir bitte sagen, wie ich da hinkomme, zum Herrn Daacher? *Sieht auf seine Armbanduhr.* In fünf Minuten sollte ich dort sein!
Anderl:	I moan, mir is ja wurscht, owa wos wollns denn vom Sepp?
Wirt:	Mir is aa wurscht, owa interessiern daads mi scho!
Gast:	Wie gesagt, ich bin Landmaschinenvertreter! Und Herr Grundlbauer – oder Daacher, wie Sie wollen – hat Interesse an einem neuen Traktor!

Anderl:	*Amüsiert und überrascht:* Da Sepp? An neia Bulldog? Host du des ghört, Schore? An neia Bulldog! Da Sepp! Ha! *Lacht.*
Wirt:	*Zum Gast:* Des is jetza a Witz, oder? Des is jetza scho Witz?
Gast:	*Verwirrt:* Nein, das ist kein Witz! Herr Grundlbauer hat mich angerufen und um einen Besuch gebeten, weil er sich über einen neuen Traktor informieren möchte!
Wirt:	*Mit vielsagendem Blick zu Anderl:* No, da wünsch i dir alles Guade! Vor allem finanziell!
Anderl:	*Ironisch grinsend:* Vor allem finanziell!
Gast:	*Unsicher:* Wie meinen Sie denn das – vor allem finanziell?
Anderl:	Des is doch bekannt, dass da Sepp mit seiner Klitschn praktisch aaf da Gant is!
Gast:	Wo ist er? Mit wem?
Wirt:	Mit seiner Klitsche ist er auf der Gant!
Gast:	Ich verstehe Sie nicht!
Wirt:	Koa Geld hoda ned! Dem sei Konto is laarer wia d'Kircha beim Abendgottesdienst am Pfingstmontag!
Anderl:	Der hodse doch verspekuliert! Der hod a Pferdepension eröffnet und koa Sau is kemma!
Wirt:	Des sowieso, owa koa Pferd aa ned! Do is nix ganga! A Pferdepension! Bei uns in Brandling! Do wenn oaner a Roos hod, dann hod er selber an Stall, do braucht doch koaner a Pferdepension! A glatter Schmarrn! Alle hamm eams gsagt: „Sepp, des hod koan Sinn! De Sache hod an Pferdefuß!" Verstehst? Pferdefuß – des is a Wortspiel in dem Fall! Owa nein, da Sepp war wie immer gscheider! Und jetza? An Haffa Schulden und a laare Pferdepension! Und jetza will er an Bulldog kaffa? Mit wos denn?
Anderl:	Der konn den nie und nimmer zohln! Da Schrimper Max kriagt aa no 12.000 Euro vo eam, des woaß i aus

	erster Hand, vom Wischlinger Kurt sein Schwager und der woaß des direkt vom Schrimper Max sein Nachbarn sein Schwiegervoda!
Gast:	*Völlig konsterniert:* Schrimper Max? 12.000 Euro? Wieso 12.000 Euro?
Wirt:	Da Max hod eam des komplette Elektrische gmacht in der Pferdepension und keinen Cent hoda bisher kriagt dafür! Aso is da Daacher Sepp! Mir is des wurscht, owa i daad dem keinen Bulldog ned verkaffa, i ned! Ned amol a Fohrradl!
Anderl:	Der is blank! Und a drumm Hypothek am Daacherhof! Da Daacher Hans wenn no lem daad, der daadse im Grob umdraahn! Er und sei Olga hamm a Lem lang gsport und dann des!
Wirt:	Sei Olga? Sei Wei hod doch Rosa ghoaßn!
Anderl:	Oder Rosa, is ja wurscht! Aaf jeden Fall is des dramatisch!
Gast:	Ja, um Gottes Willen! Dann hat das keinen Sinn, dem Herrn Grundlbauer einen Traktor anzubieten?
Wirt:	Wennsna eam schenken wolln, dann scho, owa Geld wern Sie koans seng!
Gast:	Nein, dann hat das keinen Sinn! Dann hat sich das Beratungsgespräch erübrigt! Ich möchte dann zahlen bitte! Und danke, dass Sie mich so offen aufgeklärt haben! Da wäre ich ja ins offene Messer gerannt!
Anderl:	Mei, man hilft, woma konn!
Wirt:	Eine Halbe und eine Sulz – des waarn dann 6 Euro und 70 Cent!
Gast:	Hier sind zehn Euro, guter Mann, passt schon! Als Dank dafür, dass Sie mich vor Unheil bewahrt haben!
Wirt:	Des hätts fei ned braucht! Owa dankschön!
Gast:	Gern, ich habe zu danken! Auf Wiedersehen, die Herren!

Der Gast geht. Als er die Türe aufmacht, kommt ein anderer Gast herein. Der Landmaschinenvertreter grüßt ihn und verlässt das Gasthaus.

Wirt:	*Zum neuen Gast:* Ja, da Daacher Sepp! Hawedere Sepp!
Anderl:	Ja griasde Sepp! Kaffsta a Holwe?
Sepp:	Ja, i hätt heit eigentlich an Termin ghabt, owa des hod ned highaut, jetza kaaf i mir a Holwe! Und? Gibts wos Neis?
Wirt:	Achwo! Wos solls denn bei uns scho Neis gem?
Sepp:	Und wer is da Ander gwen, der wos grod ausse is?
Wirt:	Ach der! Der hod biesln miassn! Des war a Fremder!
Sepp:	Achso, a Fremder! Dann is gscheider, er is furt! Weil mir brauchma koan Fremden ned! Mir san mir, gell?
Anderl:	Genau! Und mir haltma zamm!
Sepp:	Sowieso! Prost!

Chinesische Küche

Kare: Gestern bine beim Chinäsen gwen! War guat!

Sepp: Wos hostn gessn?

Kare: Als Vorspeis Gan Bo, dann a Duang Gai und als Dessert zwoa Bi Than!

Sepp: Ja super! Des woaß doch i ned, wos des is! Wia sagtma denn do dafür aaf Deitsch?

Kare: Nummer 41, Nummer 63b, scharf, und Nummer 101!

Sepp: Aha! Ja, des mog i aa gern! Wobei Nummer 74 aa ned schlecht is!

Kare: Owa dann ohne Knoblauch!

Sepp: Des is ja sowieso ohne Knoblauch! Mit Knoblauch is ja 75a!

Kare: Genau!

Softdrink

Kare: I wenn drodenk, i kannt heit no lacha!

Sepp: Wos is denn nacha so lustig?

Kare: I war mit da Tante Frieda in London! Des hob i ihr zum 75. Geburtstag gschenkt! Drei Tage London!

Sepp: Und des war so lustig?

Kare: Ned alles, owa des erste Frühstück im Hotel! Kimmt da Ober daher und fragts: „Do you want a Softdrink?" Sagt sie: „No freili mog i an Soft trinka! An Oranschnsoft!"

Zugopfer

Kare: Ja Sepp, wia kimmst denn du daher? Du gehst ja ganz windschief! Duat dir wos weh?

Sepp:	Ja, mei Gnack! Scho drei Dog! I glaub, i hob an Zug dawischt!
Kare:	Sei froh, mir hod mei Gnack zwoa Wochen weh do, weil i koan Zug dawischt hob!
Sepp:	Wos? Willst du mi verarschen oder wos?
Kare:	Naa! I wollt aaf Nürnberg fohrn und hob'n Zug ned dawischt. Dann bine zwanzig Minuten aaf dem saukoltn Bahnsteig gstandn!
Sepp:	Und do host dann an Zug dawischt!
Kare:	Genau! Weil i 'n Zug ned dawischt hob!

Rasenprobleme

Kare:	Alles konna, mei Bua: Computer updaten, mit sein Handy Filme draahn, recht schlau englisch daherreden, owa zum Rasenmahn isa z'bläd!
Sepp:	Ah geh!
Kare:	Wennadas sog! Gestern sog i zu eam: „I muaß in d'Arbeit, dei Muada kocht und putzt den ganzn Dog und du host Ferien! Mah den Rasen, du host Zeit, du fauler Krippl!"
Sepp:	Des schad eam ned!
Kare:	Eben! So, i kimm aaf d'Nacht vo da Arbeit hoam – kein Rasen ned gmaht! Sog i: „Veit, warum is der Rasen ned gmaht?" Sagt er, er hod zwoa Stunden gsuacht, owa er hod de Öffnung ned gfundn zum Benzin eifülln!
Sepp:	Ja sog amol! Is dei Bua blind?
Kare:	Naa, mei Rasenmäher elektrisch!

Midlife-Crisis

Kare:	Omei, wenn i an mei Jugend denk! I hob zwar koa Auto ghabt, koa Haus und koa Geld, owa dafür hob

i mit 19-jährige Deandln gschmust! Und heit? Heit howe a Haus, a Auto und an Haffa Geld, owa i muaß mitana 53-jährigen schmusen! Schee wars scho, de Jugend! Owa man konns nimmer zruckholn!

Ehefrau: Also, wenn du unbedingt willst – i konn dir dei Jugend scho wieder zruckholn! Brauchst bloß mit an 19-jährigen Deandl schmusen, dann sorg i scho dafür, dass dei Haus, dei Auto und dei Geld wieder furt san!

Goldrichtig

Sepp: In Krisenzeiten wia momentan, do is a Gold einfach wos Sichers! I hobma jetza an so an kloan Goldbarren kafft!

Kare: Do host recht! I hobma drei Goldmünzen kafft!

Sepp: Und du, Rudi? Host du aa in Gold investiert?

Rudi: Sowieso!

Sepp: Wos hosta denn nacha du kafft?

Rudi: Fünf Goldfisch!

Orangentränen

Kare: Ja Sepp! Wos host denn für a rots Augn? Is des a Entzündung oder wos?

Sepp: Naa! Des is ganz dumm herganga! I schäl mir gestern a Oranschn o, hauts vo da Haut an Spritzer Soft aussa und mir genau ins Augn! Woaßt du, wia des brennt! Mir san schlagartig die Tränen kemma!

Kare: Des glaub i! Meiner Frau is des aa passiert! Im Schlafzimmer!

Sepp: Im Schlafzimmer? Hod de do a Oranschn gessn?

Kare: Naa, in Spiagl hods gschaut! Und do san ihr wega ihrana Oranschnhaut schlagartig d'Tränen kemma!

Der Kavalier

Sepp: Kaam is da Hirgst vorbei, kimmt scho da Winter daher! Des geht ruckzuck!

Kare: Des stimmt! I hobma scho a neie Schneeschaufel kafft! A silberne Aluschaufel – de passt hervorragend zum Wegschaufeln vo dem Schnee!

Rudi: I hobma a braune Holzschaufel kafft, de passt hervorragend zum Raama!

Sepp: Und i hob a rote Plastikschaufel kafft! De passt hervorragend zum Pullover vo meiner Frau, weil sunst raamts ned!

Langfristiger Genuss

Sepp: I hob mir gestern vom Christkindlmarkt zwoa Bratwurschtsemmeln gholt, do hob i aaf d'Nacht aa no wos davo ghabt!

Kare: I hob mir a Packung Esskastanien gholt, do hob i heit no wos davo!

Erwin: I hob mir an Liter Glühwein gholt, do hob i de ganze Wocha wos davo!

Rudi: I hob mir an gscheidn Katarrh gholt, do hob i vierzehn Dog wos davo!

Süßer Stau

Kare: Gestern aaf da Autobahn is a Laster umkippt! Mit 20 Tonnen Honig!

Sepp: Oläck! 20 Tonnen Honig? Aso a Sauerei!

Kare: Des konnst laut sogn! Da ganze Dreg aaf da Fahrbahn!

Sepp: Und? Wos war?

Kare: Zähflüssiger Verkehr!

Halali

Rudi: Und? Gibts wos Neis?

Erwin: Scho! Du kennst doch mein Bruader, den Alise?

Rudi: Naa, kenn i ned!

Erwin: Is wurscht! Aaf jeden Fall hod mei Bruader jetza seit sechs Monaten den Jagdschein.

Rudi: Do schau her!

Erwin: Ja! Und in den sechs Monaten hod er fei scho drei Wildsäu erlegt!

Rudi: Do konnma bloß sogn: Waidmannsheil! Des is ned schlecht für'n Anfang! Owa es is gar nix gega mein Bruader! Der hod in de letzten sechs Monat vier Reh, sechs Fuchsen, drei Fasanen, siem Hasen und an Marder erlegt!

Erwin: Ja mi host ghaut! Is dei Bruader aa a Jäger?

Rudi: Naa, a Fernfahrer!

Gastronomische Distanz

Erwin: Mei Tochter, de hod jetza endlich an Ferienjob! Als Bedienung! In an Ferienclub aaf Teneriffa! Des war allaweil scho ihra Traum – Bedienung in weiter Ferne!

Rudi: Nacha is sie praktisch a Fernbedienung?

Erwin: Genau!

Schweres Erbe

Kare: Des mit dera Erbschaftssteuer is a Sauerei! Do hammse deine Eltern im Schweiße ihres Angesichts wos erspart, dann muaßt dei Leben lang schee mit eahna dua, dass du wos erbst, dann erbst und dann

	– bumms – kimmt da Staat daher und will vo dir a Steier! Eine Riesensauerei is des!
Sepp:	Grundsätzlich scho! Owa gottseidank ned bei jedem Erbe! Weil des wos mei Voda mir vererbt hod, is steuerlich ned relevant!
Kare:	Ned relevant? Wos „ned relevant"? Wos hod dir denn nacha dei Voda vererbt?
Sepp:	Plattfiaß, Haarausfall und an mordsdrum Durscht!

Exklusivurlaub

Erwin:	Mir samma heier im Urlaub beim Wandern im Bayerischen Wold! Do übernachtma inana kloana Pension. Des kost pro Dog 35 Euro und dafür kriangma a Frühstück und a Abendessen!
Sepp:	Bei uns gehts heier scho a weng exklusiver zua! Mir samma am Gardasee in an Vier-Sterne-Hotel! Des kost pro Dog 60 Euro und dafür kriangma a Frühstück!
Kare:	Des is ja no gar nix! Mir lassmas heier richtig kracha! Mir samma aaf Sylt in an Wellnesshotel zum Abnehma! Des kost pro Dog 80 Euro und mir kriangma gar nix!

Im Volksfestzelt

| Rentner 1: | Omei! Jede Woch is a anders Volksfest! I glaub, i bin heier scho aaf 15 Feste gwen! Und überall des Gleiche: Grillsteak, Schaschlik, Schnitzelsemmel – i konn des ewige Fleisch scho nimmer segn! |
| Rentner 2: | Hamm Sie ein Glück! Segn konnes scho no, owa nimmer beißn! |

Zwangsgespräch

Kare: Gestern aaf d'Nacht howe mit meiner Frau a Gespräch ghabt!

Sepp: .   Do schau her!

Kare: Ja! A langs Gespräch! Also so lang hamma scho lang nimmer gred mitananda! Direkt intensiv!

Sepp: A geh! Habts a recht a interessants Thema ghabt?

Kare: Naa, da Fernseh war hi!

Traumberuf

Kare: Glaubstas, jetza is mei Bua scho 24 Johr old und hod no koan Beruf! Schee staad wirds Zeit!

Sepp: Des stimmt! Mit 24 Johr, do solltert er scho wissen, wosa will! In dem Alter war i scho stellvertretender Hausmeister im Landratsamt!

Kare: Eben! Weilst du an Ehrgeiz host! Owa der, der hod koan Plan ned!

Sepp: Für wos waar er denn geeignet? Hod er a bestimmts Talent?

Kare: Als Pilot waar er wahrscheinlich ned schlecht!

Sepp: Als Pilot?

Kare: Ja! Weil er hod bisher fünf verschiedene Arbeitsstellen ghabt und überall is er scho nach kürzester Zeit gflogn!

Kalendergespräch am Stammtisch

Kare: I hob an Kolender, do san lauter scheene Autos draf! Den hob i vo mein Autohändler gschenkt kriagt!

Sepp: I hob oan, do san lauter scheene Landschaften draf! Den hob i vo meiner Bank gschenkt kriagt!

Rudi:	I hob oan, do san lauter scheene Häuser draf! Den hob i vo mein Architekten gschenkt kriagt!
Mane:	Und i hob oan, do san lauter nackerte Weiber draf!
Kare:	Vo wem host denn den gschenkt kriagt?
Mane:	Den hob i mir kafft!

Feiertagsverwirrung

Kare:	Glaubst, i kimm mit dene ewigen Feierdog dermaßen durchanander! Heiligabend, erster Weihnachtsfeierdog, zwoater Weihnachtsfeierdog, Wochenende, Silvester, Neijohr, Heilidreikine, ein Wahnsinn! I woaß ehrlich nimmer, ob Montag is oder Mittwoch oder Samstag oder sunst wos!
Sepp:	Des geht ja no! Mei Nachbar, der is dodal durchanander kemma!
Kare:	Wia des?
Sepp:	Der wollt Silvester mit de Alten Herren vom Fußballclub verbringa. Und vor lauter Verwirrung hodas mit de jungen Damen vom Erotikclub verbracht!

Ohne jede Reue

Neffe:	Tante Fanny, wo willst denn hi, jetza in aller Friah?
Tante:	In d'Kircha geh i, zum Beichten!
Neffe:	No gch, Tante Fanny, wos willst denn du beim Beichten! Du host doch koane Sünden mehr, mit 84 Johrn!
Tante:	Des mog scho sei, owa de Sünden vo früher, de sans!
Neffe:	Geh, Tante, de san doch längst vergeben! Wos willst denn do no beichten?
Tante:	I beicht seit 65 Johrn des Gleiche: Wia i damals als jungs ledigs Deandl mit dem Dammer Sepp a Nacht im Heistadl verbracht hab!

Neffe:	Ja und? Des is doch längst vergeben!
Tante:	Eben ned! Weil a Sünde vergibt doch der Herrgott bloß, wennmas bereut! Und bereut hob i de Nacht bis heit ned!

Blumenfreund

Knaller:	Guad Morgn, Frau Moser!
Moser:	Guad Morgn, Herr Knaller! Gehts wieder in d'Arbeit?
Knaller:	Jawoll! Hilft ja nix!
Moser:	Eben! Dann viel Spaß!
Knaller:	Dankschön! Sie, Frau Moser, wos i scho lang frong wollt: Sie hamm so schöne Blumen am Fensterbrettl! I gfrei mi jeden Dog über de Farbenpracht! So exotisch direkt!
Moser:	Dankschön! Schee, wenns Eahna gfalln, de Blumen!
Knaller:	Naa, wirklich, wunderbar! Sie, san de aus Deitschland oder aus Übersee?
Moser:	Des woaß i jetza a ned. Aaf jeden Fall sans aus Plastik!

Teure Tiere

Sepp:	Des bläde Viech, des bläde!
Kare:	Wos für a bläds Viech?
Sepp:	Der Drecksmarder! Jetza hod er mir scho des vierte Mal a Kabel im Auto durchbissn! Des san jedsmol 50 Euro. Des Viech kimmt mi dermaßen deier!
Kare:	50 Euro! Des geht ja no! Mei Wei hod zwoa Viecher, de san mir viel deierer kemma!
Sepp:	Echt? Wos nacha?
Kare:	An Silberfuchs und an Nerz!

Sepp:	Achso! Ja, des is klar, des san natürlich de deiersten Viecher!
Kare:	Naa, sans ned! Am allerdeiersten is mir der drumm Aff kemma, den wos i ghabt hob, wia i damals in a Alkoholkontrolle einekemma bin!

Weltwassertag

Kare:	Hostas glesn in da Zeitung? Heit is Weltwassertag!
Sepp:	Was alles gibt! Weltwassertag – aso a Schmarrn!
Kare:	Naa, des is koa Schmarrn! Weil Wasser is scho wichtig! Man brauchts zum Waschen, für d'Schiffe zum Fohrn, für'n Garten zum Giaßn, für's Auto zum Kühln!
Sepp:	Stimmt! Und mei Frau trinkts sogar!
Kare:	Ja pfui Deifl! Man konn alles übertreim!
Sepp:	Genau! Prost!

Ungewohnt

Sepp:	Des is des, wennma ebbs ned gwohnt is!
Kare:	Ha? Wia moanst jetza des?
Sepp:	Da Hans zum Beispiel, der is a Bier gwohnt!
Kare:	Des stimmt! Der is a Bier gwohnt! Viel Bier!
Sepp:	Sehr viel! Aber: Einen Wein is er nicht gwohnt!
Kare:	Nicht?
Sepp:	Naa, gar nicht! Mir warn jetza drei Dog aaf Weinreise in der Pfalz. Und do war a Weinprobe mit anschließendem gemütlichen Beisammensein! Und da Hans, der hod normal mit vier Maß Bier kein Problem. Mit dem konnst du nach vier Maß no ein vernünftiges Gespräch führn! Aa politisch, kein Problem!
Kare:	Stimmt!

Sepp:	Und bei dem gemütlichen Beisammensein hod er vier Liter Wein trunka – du, der hod ned amal mehr „bapp" sogn kinna! Der war fertig mit da Welt! Verlust der Muttersprache! Nach zwoa Liter hod er no relativ vernünftig gsagt, dass der Riesling fruchtig im Abgang is! Owa nach vier Liter hod er dann selber an Abgang gmacht, direkt untern Tisch eine. Bei vier Liter Bier, do sitzt der do wie ein Baam!
Kare:	Weil er koan Wein ned gwohnt is!
Sepp:	Eben!

Randerscheinungen

Sepp:	Es is alles nimmer aso, wias amal war!
Kare:	Do host du recht!
Sepp:	Zum Beispiel neba da Straß!
Kare:	Neba da Straß?
Sepp:	Ja! I woaß no guat, wiama damals in da Volksschul in Heimatkunde des Kapitel durchgnumma hamm: „Was finde ich am Straßenrand?" Do hods dann ghoaßn: „Ich finde ein Buschwindröschen, einen Huflattich und einen Löwenzahn!"
Kare:	*Schwärmerisch:* Ja genau! Des Kapitel woaß i aa no! Und do war dann a Bildl im Heimatkundebiacherl drin mit de Blumen. „Anemone" hod des Buschwindröschen aaf Lateinisch ghoaßn!
Sepp:	Genau! Und wos findma heit am Straßenrand? Blei und Cadmium! Es is a Kreiz!
Kare:	Und wennma Pech hod, dann findma no a Radarpistoln!
Sepp:	Genau! Do waar mir a Buschwindröschen deutlich liaber!

Bayernhymne

Sepp:	I bin normal koaner, der an Lehrer kritisiert, owa da Deitschlehrer vo mein Buam, der is ungerecht! Um nicht zu sagen, a Depp!
Kare:	Echt? Warum?
Sepp:	Weil er mein Konrad völlig willkürlich an Sechser gem hod! Der Bua konn nix dafür! Er hod dahoam no gflennt, weil er so enttäuscht war vom Lehrer!
Kare:	Des is fei für d'Psyche von an Kind ned guat!
Sepp:	Ja eben! Und unser Konrad is eh so sensibel! Der war dermaßen fertig, hod er glei unser Katz fürs Fenster aussegworfa! So fertig war der, nervlich!
Kare:	Der arme Bua!
Sepp:	Bloß weil der Lehrer koa Hirn hod und koa Gfühl! Fragt der unsern Konrad nach dem Text vo da Bayernhymne! Und da Konrad woaß den natürlich ned, weil is ja a Sechzger! Des war dem Lehrer wurscht, der hod eam brutal an Sechser gem!
Kare:	Und sowos gibt Unterricht!

April, April!

Sepp:	Und Kare? Bist heit aa scho in April gschickt worn? Oder hamms bei dir dahoam vergessn, dass da erste April is?
Kare:	*Grantig:* Naa, hamms ned vergessen! Mei Sohn hod mi in April gschickt!
Sepp:	Schauna o! Des war bestimmt a Gaudi, ha?
Kare:	Naa, a Gaudi war des ned!
Sepp:	Ned? Warum ned?
Kare:	Sagt der zu mir: „Papa, i muaß dir ebbs sogn – i will heiraten!" Dann sog i: „Ja spinnst du! Heiraten willst du? Mit 18 Johrn! I glaub, du host an Vogel!" I hob mi dermaßen aafgregt!

Sepp:	Des glaub i! A vernünftiger Mensch will doch mit 18 ned heiraten!
Kare:	Ja eben! Dann sagt er, wia i mi so aafgregt hob: „Papa, April, April! I will gar ned heiraten! I muaß!"

Eieiei

Kare:	So, morgen is Karfreitag und dann is scho wieder Ostern!
Sepp:	Apropos Ostern, amal a Frage: Welche Eier san dir liaber? De aus Freilandhaltung, de aus Bodenhaltung, de aus Biolandwirtschaft oder de aus da Legebatterie?
Kare:	Wenn i ganz ehrlich bin, de aus Schokolad!

Schutzhelm

Kare:	Gestern hob i am Fernseh an Bericht gseng übers Radlfohrn. Do hods ghoaßn, a Radlhelm is dodal empfehlenswert, weil der schützt vor unangenehmen Folgen. Man muaß immer mit dem Schlimmsten rechnen und dann isma froh, wennma an Helm hod!
Sepp:	Des stimmt! Man muaß immer mit dem Schlimmsten rechnen! I fohr letzdings Radl mitana junga hübschen Bekannten, kimmt völlig überraschend mei Frau daher mit ihrana Nordic-Walking-Kameradin! Wenn i an Helm aafghabt hätt, hätts mi ned kennt! Und des hätt mi vor unangenehmen Folgen gschützt!

Kluges Insekt

Mann: Grad les i in da Zeitung, dass de ersten Maikäfer scho gesichtet worden san!

Frau: Jamei, is ja aa scho Mai!

Mann: Des is fei scho faszinierend, gell: Der Maikäfer, der lebt ewig lang unter der Erd und frisst und frisst und dann woaß er: „Hoppla, jetza is Zeit, jetza muaß i ausse!" Für a Insekt is des fei scho a Zeichen vo Intelligenz!

Frau: Und du hockst ewig lang im Wirtshaus und saffst und saffst und host dir no nie denkt: „Hoppla, jetza is Zeit, jetza muaß i ausse!" Für an Menschen is fei des scho a Zeichen vo Dummheit!

Rauchmelder

Sepp: I hob mir jetza für jeds Zimmer an Rauchmelder kafft!

Kare: Mir hamm scho seit Jahren an zuverlässigen Rauchmelder, an lebendigen!

Sepp: An lebendigen? Wen nacha?

Kare: Mein Sohn! Jedsmol wenn mei Frau vom Eikaffa hoamkimmt, dann macht er sofort Meldung: „Mama, da Papa hod fei aaf da Terrasse graucht!"

Sepp: Aso ein Hunzkrippl! Kriagt er dann wenigstens a Schelln vo dir?

Kare: Naa, vo ihr a Duplo!

Junger Rüpel

Enkel: So, Tante Erna, bist wieder zruck vom Eikaffa?

Tante: *Zornig:* Ja, bin wieder zruck!

Enkel: Warum bist denn so grantig?

Tante:	Weil mi im Bus aso a junger Hupfer dermaßen aaf-gregt hod!
Enkel:	Ehrlich? Wia des?
Tante:	Da Bus war grammelt voll! Hob i mi demonstrativ neba oan higstellt, der wo gsessn is! Glaubst du, der Fratz waar aufgstandn und hätt mir als Frau mit 86 Johrn an Platz angeboten? Der is hockad bliem wie ein Holzstock! Und der Lausbua war höchstens 70!

Sucht

Kare:	I woaß ned, wo des no hiführn soll! De junge Leit heitzudogs mit ehrane gschissna Computer, de san dodal süchtig!
Sepp:	Des stimmt! Des hob i am Fernseh gseng: Die Jugend is absolut suchtgefährdet, wos de Computer betrifft! I segs ja an meim eigenen Sohn: I wenn aaf d'Nacht um elfe no dringend a Zigrettn brauch – der is nicht in der Lage, dass er den Kilometer zur Tankstell lafft und mir a Schachtel holt! Der muaß unbedingt Computer spieln! So süchtig is der! Wia konn a Mensch bloß aso wern!
Kare:	Wahnsinn! So süchtig? Ja, und dann?
Sepp:	Dann? Dann muaß i als Mo von 38 Jahren in der Nacht mei Auto umlassn und in d'Tankstell fahrn und mir Zigrettn holn, weil mein Herr Sohn süchtig is!
Kare:	Wo der des Suchtverhalten bloß her hod?
Sepp:	Woaß da Dcifl!

Beim Pfingstritt in Bad Kötzting

Opa: Do schau hi, Xaver-Diego, do schau hi! A schwarzes I-ha-ha!

Enkel: *Mit Nuckelflasche im Kinderwagen sitzend und begeistert auf das erste vorbeireitende Pferd deutend:* I-ha-ha. I-ha-ha!

Opa: Jawoll, a I-ha-ha is des! A schwarzes! Is des ned ein schönes I-ha-ha?

Enkel: I-ha-ha! *Erblickt weitere Pferde.* Noml I-ha-ha! *Wirft vor lauter Begeisterung die mit Tee gefüllte Flasche aus dem Kinderwagen.* I-ha-ha!

Opa: Hoppla, Xaver-Diego, etza host dei Flaschili mit'm Teeli aus deim Wageli gschmissn! Du bist a richtigs kloans Deifili! Dudududu! *Tätschelt das Kind an der Nase und hebt dann ächzend die Flasche auf und gibt sie an den Enkel weiter. Dieser wirft sie angesichts weiterer I-ha-ha's erneut auf das Pflaster.*

Passant: *Hebt hilfsbereit die Flasche auf und gibt sie dem Opa.* Bitte schön! Jetzt hat der kleene Racker die Flasche aus dem Kinderwagen jeschmissen!

Opa: Des is wega de I-ha-ha! De machan des Kind stocknarrisch!

Passant: Wie bitte? Ick vasteh Sie nicht! Wissen Sie, ick komm aus Berlin und bin auf Urlaub hier im Bayerwald!

Opa: *Laut und langsam, jede Silbe betonend:* Die Rösser sind es! Die machen den Buben stockverrückt!

Passant: Achso! Jaja, Kinder und Tiere! Die hamm'nen Narren aneinander jefressen! Unser Mirko, det is mein Enkel, der is völlig begeistert von die Tiere, wa! Der hat mal 'nen Maikäfer jejessen vor lauter Begeisterung! Mit Stumpf und Stiel! *Schüttelt stolz den Kopf.* Nee, der Mirko! Unser Mirko! Det is mir schon eener!

Opa: Ja pfui Deifl! Hoda do ned gspiem wia a Reiher?

Passant: Wie bitte?

Opa: War es eam da nicht übel auf den Maikäfer hinauf?

Passant:	Naja, 'n bisschen schon! Zwei Tage Brechdurchfall und Schweißausbrüche, aber dann war er wieder fit wie ein Turnschuh!
Opa:	A zaacher Krippl, dei Mirko!
Passant:	Wie bitte?
Opa:	Ein gesundes Kind! Gratuliere!
Passant:	Danke schön! Sie, ick muß wieder weiter, meine Frau wartet da vorne auf mich!
Opa:	De Wamperte mit dem blaua Kostüm?
Passant:	Wie bitte?
Opa:	Die stabile Frau in Blau?
Passant:	Jenau die! Jaja, an meiner Gudrun is alles dran, wenn Sie wissen, wat ick meene! Also dann, tschüss! Und schönen Tach noch!
Opa:	Hawedere! Und an Gruaß an dein Käferfresser! *Schüttelt den Kopf.* Also glaubn möchstas ned, frisst der an Maikäfer!
Passant:	Wie bitte?
Opa:	Is scho recht! An scheena Urlaub no!
Passant:	Ja, danke schön! *Geht.*
Opa:	Segstas, Xaver-Diego, des war a Preiß! De san ned aso wia mir, de san anderst! De fressnd Maikäfer! Owa des verstehst du no ned, do bist du no z'jung!
Enkel:	*Mit fordernden Händen:* Tlinke!
Opa:	Ha?
Enkel:	Tlinke! Tlinke!
Opa:	Wos? Tlinke? Wos is jetza des? Draahst jetza ganz durch?
Enkel:	*Verzweifelt auf die Teeflasche deutend:* Tlinke!
Opa:	Achso! Tlinke moanst! Trinken! An Durscht host! Dann sogs halt glei! Ja freilich derfst du tlinke! *Gibt ihm die Teeflasche, voller Freude darüber, dass er sich mit dem Enkel so gut verständigen kann und dass dieser schon als Kleinkind einen gesunden Durst entwickelt.*

Enkel:	*Will gerade zu trinken ansetzen, erblickt aber dann einen riesigen Schimmel, schreit begeistet „I-ha-ha", und schmeißt die Flasche erneut auf das Pflaster.*
Opa:	Also Xaver-Diego! Du brauchst doch ned jedsmol, wenn a I-ha-ha kimmt, dei Flaschn aaf d'Straß hipfeffern! Des duat ihr aa ned guat!
Enkel:	I-ha-ha!
Opa:	Jaja, I-ha-ha! *Hebt die Flasche auf und gibt sie dem Enkel.* So, jetza trink einmal schön und schau dir in Ruhe de I-ha-ha o! In Ruhe! A I-ha-ha is koa Grund zum Ausflippen!
Enkel:	*Trinkt gierig, setzt aber dann die Flasche plötzlich ab, deutet auf einen der Reiter und schreit „Kasperli"!*
Opa:	Bist jetza staad! Des is doch koa Kasperl! Des is da Herr Pfarrer!
Enkel:	*Enthusiastisch:* Kasperli, Kasperli!
Pfarrer:	*In vollem Ornat und mit seltsamer Kopfbedeckung hoch zu Ross:* Was meint er, der kleine Christ?
Opa:	Äh … gelobt sei Jesus Christus!
Enkel:	Kasperli, Kasperli!
Pfarrer:	In Ewigkeit Amen! *Reitet erhaben weiter und hört die begeisterten „Kasperli"-Rufe von Xaver-Diego nicht mehr.*
Opa:	*Tadelnd:* Mei liawa, Xaver-Diego! Du-du-du! Du derfst doch ned „Kasperl" zum Hochwürden sogn! De andern Leit hamm scho hergschaut zu uns! Sei froh, dass du no so kloa bist, sunst miasserst des etza beichtn! Des is a Sünd, wennma zum Herrn Pfarrer „Kasperl" sagt! Mirk dir des!
Enkel:	*Auf die ohne Unterlass vorbeiziehenden Pferde deutend:* I-ha-ha!
Opa:	Genau! I-ha-ha!
Enkel:	Viel I-ha-ha!
Opa:	Des konnst laut sogn – oa I-ha-ha noch dem andern! Owa des is normal, weil da Pfingstritt is bekannt für seine vielen I-ha-ha!

Enkel:	*Höchst erregt wegen dreier vorbeiziehender Ponys:* Baby-I-ha-ha, Baby-I-ha-ha! *Wie nicht anders zu erwarten, wirft er voller Freude die Teeflasche in hohem Bogen auf die Straße, um mit den Händen besser auf die Baby-I-ha-ha's deuten zu können.*
Opa:	*Zornig:* Ja kreizkruzenäsn! Wirf doch ned dauernd de Flaschn aussa, du Rindviech!
Passantin:	*Geschockt:* Also sogns amal, wos san denn Sie für oana? Man fluacht doch ned bei einer kirchlichen Prozession! Sowos Ungehobelts! Do is koa Wunder ned, dass da Enkel aa scho a Antichrist is und zum Herrn Pfarrer „Kasperl" sagt! Do is koa Wunder ned, bei so einem niveaulosen Opa!
Opa:	Des geht Sie an Dreg o, wos i zu mein Enkel sog und wos mei Enkel zum Pfarrer sagt! Kümmerns Eahna um Eahnane eigenen Angelegenheiten! Wenn Sie an Heiligen als Enkel hom wolln, dann richtens Eahna selber oan! Da mei sagt zum Pfarrer so oft „Kasperl", wia er will! Da brauchen Sie Eahna nicht eimischen, dass des klar is! Also glaubn möchstas ned, aso a Goaß!
Enkel:	Mäh! Mäh!
Opa:	Genau, Xaver-Diego! Ziege! Schön kannst du die Ziege!
Enkel:	Mäh! Mäh!
Passant:	Sie, Herr, bei allem Verständnis, owa dass Sie „Goaß" zu meiner Frau sogn, des brauchts fei ned!
Passantin:	*Aggressiv zu ihrem Mann:* Wos hoaßt do „bei allem Verständnis"? Für wos host du Verständnis? Dass der „Rindviech" zu sein Enkel sagt oder dass des freche Kind „Kasperl" zum Herrn Pfarrer sagt? Oder gar, dass der „Goaß" zu mir sagt? Des muaßt mir etza scho erklärn, für wos du do Verständnis host!
Passant:	Spinnst etza komplett? Wos soll i denn do erklärn? I hob Verständnis dafür, dass der Mo sich aafregt, wenn der Saufratz dauernd de Flaschn aaf d'Straß

	hipfeffert! Do hob i Verständnis dafür! Sei doch ned allaweil glei so aggressiv und bezieh alles aaf di! So wichtig bist du aa wieder ned!
Opa:	Sie brauchen fei ned „Saufratz" zu mein Enkel sogn!
Passantin:	Sie hamm doch selber „Rindviech" zu eam gsagt! Also des is doch unmöglich! Sagt „Rindviech" zu dem Kind und daad sich dann aafregn, wenn jemand anders „Saufratz" sagt! Unmöglich is des! *Schüttelt empört den Kopf.*
Opa:	Des is ganz wos anders, ganz wos anders is des! Erstens konn i als Blutsverwandter sogn, wos i will, weil des bleibt in da Familie und zwoatens is a Rindviech a Nutztier und damit positiv! A Saufratz dagegen is eindeutig negativ! Ein Fratz und eine Kuh san zwoa Paar Stiefel!
Enkel:	Muh! Muh!
Opa:	Genau, Xaver-Diego! Muh! *Zur Passantin:* Do, etza hörnses selber – „muh" schreit er ganz begeistert! Der Bua liebt Rindviecher! Und drum is des kein Schimpfwort für eam, sondern fast scho a Kompliment! Owa a Fratz is ganz wos anders, erst recht mit dera Vorsilbe „Sau-"!

Der Enkel erkennt das Wort „Sau" und ahmt täuschend echt Grunzlaute nach.

Opa:	Hörnses? A Sau kennt er aa! Er is scho a gscheits Kind, unser Xaver-Diego! Gell, Xaver-Diego! Du kennst scho alle Tiere! Wie macht die Schlange?

Xaver-Diego gibt Zischlaute von sich und untermalt diese optisch mit züngelnden Bewegungen.

Passant:	Mei liawa, a heller Kopf, Eahna Enkel! Der hod echt wos drauf! I moan, Kuh, Goaß und Sau, des is mehr oder weniger Standard. Owa a Schlanga, des konn ned jeder!

Opa:	*Stolz und versöhnlich:* Gell! Samma wieder guat, Herr Nachbar?
Passant:	No freilich! Bei einer kirchlichen Prozession brauchtma doch ned streiten unter Christenmenschen! Des gilt übrigens aa für di, Hannelore!
Passantin:	Owa des mit dera Goaß war mir nicht recht! De Goaß könntens zrucknehma, de steht no zwischen uns!
Opa:	Alles klar, de Goaß nimm i zruck! Sie san keine Goaß! Definitiv!
Passantin:	Dann is alles ausgred'! Samma wieder guat? *Reicht ihm zur Versöhnung die Hand.*
Enkel:	Mäh, mäh!
Opa:	*Stolz:* Hammses ghört? Hammses ghört? Kaam hört der ein Tier, scho imitiert ers! Blitzgscheit, der Bua!
Reiter:	*Monoton:* Gegrüßet seist du Maria, der Herr ist mit dir …
Opa:	*Während er die Flasche erneut aufhebt und dem Enkel gibt:* Hörstas, Xaver-Diego? Der Mann tut beten!
Enkel:	I-ha-ha!
Opa:	Omei, du und deine I-ha-ha! Owa host scho recht, hauptsächlich gehts um de I-ha-ha! Woaßt, des war aso: Vor viele hundert Jahre san amal alle I-ha-ha krank worn und viele warn tot!
Enkel:	I-ha-ha tot!
Opa:	Tot, genau, maustot! Und dann hamm die Leute gebetet, dass nimmer so viele I-ha-ha tot san und zack, hod der liebe Gott de I-ha-ha wieder gesund gmacht! Aso is des gloffa damals.
Enkel:	*Weinerlich:* I-ha-ha tot!
Opa:	Tu dich nicht hinab, Xaver-Diego, weil de san ja wieder gsund worn, de ganzn I-ha-ha! Und aus Dankbarkeit is da Pfingstritt erfunden worn! Und die Rosswurscht! Bloß dass du des woaßt, falls di amal ebba fragt!
Passant:	Des hod er etza owa ned verstanden! Des is doch für aso a Kind viel zu theoretisch, aso a Gelübde!

Opa:	Wer woaß! Der Bua is blitzgscheit! I sog Eahna oans: Der is so schlau, dass er uns verarscht!
Passant:	A geh!
Opa:	Wennes Eahna sog! Bloß a Beispiel: Mir hamm eam amal aaf a kloans Teller oa Ripperl Schokolad draufglegt und aaf a anders Teller zwoa Ripperln. Wos moanan Sie, wos er gumma hod?
Passant:	De zwoa Ripperln natürlich!
Opa:	Von wegen!
Passant:	Alle drei?
Opa:	Naa! Des oane Ripperl! Und mir hamm im ersten Augenblick gsagt: „Mei, is des Kind bläd!" Und hammas alle Nachbarn und der ganzen Verwandtschaft vorgführt und er hod immer des oane Ripperl gnumma und alle hamma gmoant, dass da Xaver-Diego a glatter Depp is!
Passant:	Is er ja, oder? Nimmt oa Ripperl, wenn er zwoa hom kannt oder drei! Der is doch voll bläd!
Opa:	Eben nicht! Der hod uns dodal verarscht! Der hod des oane Ripperl bloß gnumma, dassma mir den Trick immer wieder vorführn! Aaf de Art hod er mindestens 150 Ripperln Schokolad kassiert! Hätt' er de zwoa Ripperln gnumma, waar sofort Schluß gwen mit de Vorführungen. Des hod der voll gschnallt! Der hod uns alle verarscht, inklusive mi selber!
Passant:	Genial! Aso ein Hundling! Do wird er innerlich frohlockt hom!
Opa:	Noja, innerlich hod er wochenlang a katastrophale Verstopfung ghabt! Owa i schatz, des wars eam wert!
Passant:	A Hund isa scho!
Enkel:	Wauwau!
Opa:	Hammses ghört? Hamm Sie des ghört? Sie sogn „Hund" und zack, kimmt scho 's „Wauwau"! Blitzgscheit! Der braucht bloß a Stichwort, dann kimmt sei Text automatisch!

Passant:	Wahnsinn!
Enkel:	*Nachdem bereits ca. 300 Pferde mit Reitern vorbeigezogen sind, etwas ermüdet und gähnend:* I-ha-ha!
Opa:	Ja, scho wieder a I-ha-ha! Oa I-ha-ha noch dem andern! Brauchst fei ned bei jedem I-ha-ha a Meldung macha, weil do kemman no Hunderte!
Enkel:	*Mit schläfrigem Blick:* I-ha-ha!
Opa:	Und scho wieder oans! Glauben möchstas ned, wiaviel I-ha-ha dass aaf da Welt gibt! Millionen wahrscheinlich!

Eine Katze saust urplötzlich über die Straße, Xaver-Diego ist schlagartig hellwach und wirft, wie immer, wenn er begeistert ist, die Flasche aus dem Kinderwagen.

Enkel:	Miau, miau!
Opa:	Himmelherrgott, Xaver-Diego! Miau hi, miau her, owa des is doch koa Grund, dass du scho wieder de Flaschn aussawirfst! Des is doch ned normal, dass a Kind sei Freid bloß dadurch äußern konn, indems wos wirft! Sog halt „juhu" oder sunstwos, wenn di wos gfreit! *Hebt die Flasche auf und gibt sie abermals dem Enkel.* Und etza nimmer werfen, gell! Egal, wos für a Viech daherkimmt! Und wenns a Elefant is!
Enkel:	I-ha-ha!
Passant:	Des war owa etza koa Elefant ned! *Beugt sich hinunter zum Enkel und belehrt ihn:* A Elefant macht ned „i-ha-ha"! A Elefant macht „tröööööt"! *Formt die Hände und Arme zu einem imaginären Rüssel und trötet, so laut es geht. Der Enkel, erschrocken über das ihm bis dahin unbekannte und laute Tier, weint.*
Opa:	Etza hammses, etza flennt er!
Passant:	*Verlegen:* Des duat mir leid! I wollt eam bloß den Elefanten erklärn! Und mei Elefant war doch ned schlecht, oder, Hannelore? Der Elefant war doch akustisch in Ordnung?

Passantin:	Noja, gscheit laut war er! Und wia du gschaut host – direkt bedrohlich! Also, a Elefant schaut normal ned so aggressiv!
Passant:	I wollt eam wirklich ned erschrecka! Nix für unguat, Diego-Xaver!
Opa:	Xaver-Diego hoaßt er, Xaver-Diego! Diego-Xaver hörtse ja unmöglich o!
Passant:	Entschuldigung, Xaver-Diego!

Der Enkel wirft, offenbar noch immer in einer seelischen Ausnahmesituation aufgrund des Elefantenüberfalls, die Teeflasche dem Passanten an den Kopf, von dem sie abprallt und auf die Fahrbahn bzw. im konkreten Fall Reitbahn rollt. Just in diesem Augenblick verrichtet ein vorbeiziehendes Pferd seine Notdurft (groß!) und bedeckt damit vollständig die auf der Straße liegende Flasche.

Enkel:	*Schlagartig gut gelaunt:* I-ha-ha a-a! I-ha-ha a-a!
Opa:	Etza hod des bläde Roos aaf de Flaschn draafgschissn!
Passantin:	Um Gottes Willen! Schuld bist eigentlich du, Alois!
Passant:	I? Wieso i?
Passantin:	Wennst du den blädn Elefant ned gmacht hättst, dann waars ned passiert!
Passant:	Dann hätt des Roos genau aso gschissn!
Passantin:	Owa ned aaf de Flaschn!
Passant:	Des mog sei!
Opa:	De Flaschn, de kinnma vergessn! I glang de nimmer o! De is ja kaum mehr sichtbar, de hods komplett dawischt!
Passantin:	De kinnans nimmer verwenden! De wird nie mehr keimfrei! De Kolibakterien und des alles, de kinnans nimmer verwenden!
Opa:	Schad drum, ewig schad! Weil de war ned billig, des war a unzerbrechliches Glas, spezialgehärtet!
Passant:	*Reibt sich die vom Flaschenaufprall gerötete Stirn.* I gspürs etza no, de war echt spezialgehärtet!
Enkel:	A-a!

Opa:	Jaja, etza wissmas scho! Des I-ha-ha hod a-a gmacht!
Enkel:	*Drängend:* A-a! A-a!
Opa:	Ja! Bi halt amal staad! Wia konn denn a Haffa Pferde-scheisse a Kind dermaßen begeistern?!
Enkel:	A-a! A-a!
Opa:	*Schnuppert.* Ach du Schreck! Der Bua hod an Stinker drin! Des Roos hodna scheinbar animiert! Etza hod er aa gsch… a-a gmacht!
Passant:	I schmecks aa scho!
Opa:	Des hilft nix, do miassma hoam! I hob koa Windel ned dabei! Und den Gstank, den halt i ned lang aus, mi hebts do immer glei vo dem Möhrenbrei in Erb-senmus oder wia des Glump alles hoaßt! Also, pfiad God mitananda! Mir packmas!
Enkel:	A-a!
Opa:	Ja, mir wissmas scho! Glei samma daheim, dann tuma den A-a raus und unser Xaver-Diego is wieder sauber, gell? *Verlässt mit dem Kinderwagen und dem duftenden Xaver-Diego den Ort des Geschehens.*
Passantin:	Schuld bist du! Der Elefant hat direkt a Kettenreakti-on ausglöst!
Passant:	Owa a neis Tier hoda glernt!
Passantin:	Stimmt!

Schicksalsgenossen

Kare: I grill so gern! Wenns a weng geht, dann grill i!
Sepp: Grilln is scho wos Scheens!
Kare: Und i mog mein Grill so gern! Jetza ned bloß als Kochgelegenheit, aa persönlich! Mir samma direkt scho Freind, mei Grill und i! Weil mir hamm a gemeinsams Problem.
Sepp: A gemeinsams Problem? Du und dei Grill? Wos nacha für oans?
Kare: Mir derfma beide bloß aaf da Terrasse raucha!

Kurerfolg

Sepp: Mei Frau is jetza scho zwoa Wocha aaf Kur!
Kare: Kur? Wo fehlts denn?
Sepp: Übergwicht! Massiv!
Kare: Und? Hamm de zwoa Wocha scho wos bracht?
Sepp: Jaja! I hob scho vier Kilo abgnumma, weil mir kein Mensch wos kocht!

Peinlicher Traum

Kare: Glaubst, es is ein Kreiz!
Sepp: Wos is a Kreiz?
Kare: I red im Schlaf! Des is manchmal dermaßen peinlich! Vor allem, wenns jemand hört, ders ned hörn soll!
Sepp: Is dir des passiert oder wos?
Kare: Owa voll! Neilich hob i draamt, dass i in mein Büro am Schreibtisch sitz und dass mei Sekretärin einakimmt ins Büro. Unter uns gsagt, aaf de bin i scho lang scharf! Dann hob i im Traum laut gsagt: „Kruzenäsn, Freilein Hirtlmeier, hamm Sie einen

	Knackarsch! I wenn den Arsch seg, i kannt narrisch

Knackarsch! I wenn den Arsch seg, i kannt narrisch wern! I werd ganz fuchtig! Moanans, dass mit uns zwoa amal wos geht? I sogs Eahna, i werad zum Tier, so scharf machan Sie mi! Und übrigens, lassma des ‚Sie' – i bin da Karl-Heinz!"

Sepp: Ach du Schreck! Und dei Wei is neba dir im Bett glegn und hod des ghört?

Kare: Schlimmer! Viel schlimmer! I war wirklich im Büro an mein Schreibtisch und bin durt eigschlaffa und 's Fräulein Hirtlmeier hods ghört!

Es ist grundsätzlich erfreulich, wenn man sich, auch als Herr mittleren Alters, noch jung fühlt und den Kontakt zum eigenen Nachwuchs und auch zu dessen Freundeskreis pflegt. Man sollte es aber nicht übertreiben mit der Jugendlichkeit, denn sonst kann der Schuss nach hinten losgehen. Speziell bei geselligen Anlässen der jungen Generation wie zum Beispiel häuslichen Partys ist es selten gut, als Elternteil allzu viel jugendlichen Elan zur Schau zu stellen, denn dann wird man schnell

Der peinliche Dad

Sohn: Danke Papa, dass du uns gholfa hast, den Partykeller herzurichten! Jetza kemman dann glei de ersten Gäste. Konnst scho wieder ins Wohnzimmer aufegeh! Danke noml!

Vater: Ach, i bleib no a weng do bei eich junge Leit! I fühl mi doch wohl unter eich Kids! Sooo alt bin i aa wieder ned!

Tochter: Moanst ned, es waar gscheiter, wennst aufegehst zu da Mama?

Vater: Ja, i geh dann scho! Owa a weng bleib i no do und ratsch kurz mit eiere Gäste, kurz bloß!

Tochter: Okay, wennst moanst, dann bleibst halt no a weng do!

Sohn:	Warum host du eigentlich a T-Shirt an? Du host doch normal allaweil a Hemad an.
Vater:	I hob mir denkt, a T-Shirt is cooler! Mit Hemad schau i ja aus, als wenn i scho über 50 waar! Wia a olter Sack!
Tochter:	Owa du bist doch scho 53!
Vater:	Ja eben! Des miassn eiere Gäste doch ned glei an da Kleidung seng! Und innerlich, also vom Feeling her, do bin i vielleicht 17, maximal 20!
Sohn:	Owa moanst ned, dass der Aufdruck „Motherfucker" a weng übertrieben is?
Vater:	Ach wo, der is voll cool!

Der erste Gast trifft ein, ein ca. 16-jähriger, unauffällig gekleideter, wohlfrisierter Junge.

Vater:	Hey Mann! Check it out! Alles senkrecht? Gib mir die 5!
Gast 1:	*Verdutzt:* Äh … Grüß Gott, Herr Schwägerl!
Vater:	*Etwas kleinlauter:* Yo! Griaß God! Was geht?
Gast 1:	Alles klar soweit!

Die Mutter betritt den Partykeller.

Mutter:	Konrad, kimm aufe ins Wohnzimmer, da Florian Silbereisen fangt glei o, das Blütenfest der Volksmusik!
Vater:	Alles easy, Schnecke, kimm glei! I häng bloß no a weng bei de Kids ab! Chill down!
Mutter:	Woooos?
Vater:	*Leicht genervt:* Glei kimme!
Mutter:	Hoffentlich! *Geht kopfschüttelnd wieder nach oben.*
Vater:	*Zu Gast 1:* Ey, mei Lady schnallt de coole Sprache ned, de hod do null Plan!
Gast 1:	A geh!
Vater:	Null! De checkts ned, wos abgeht! Ey, und Volksmusik! Kotzwürgspei! I hob allaweil gmoant, der Moderator hoaßt Florian Silber, weil i spätestens bei

	„Silber" umgschalt hob! Wos ziagst du dir so sound-mäßig eine? Rap? Grunge? Britpop?
Gast 1:	I spui 's Hackbrett beim Wimperdorfer Dreigsang!
Vater:	Äh … äh … noja, im Prinzip aa cool, irgendwie!

Tochter und Sohn haben sich schon eine Weile peinlich berührt angesehen.

Tochter:	So Papa, den Stefan host etza kennaglernt, dann konnst etza aufegeh zu da Mama!
Vater:	*Zu Gast 1:* Stefan hoaßt du? Cooler Nam! Und wos willst amal wern? DJ? Rapper? Freak?
Gast 1:	I mach a Lehre zum Bankkaufmann bei da Raiffeisenbank Wimperdorf.
Vater:	Cool! Ohne Moos nix los, ha? Haste mal 'nen Euro? Hahaha!
Gast 1:	*Irritiert:* Wieso? Brauchen Sie an Euro? Moment … *Holt seine Geldbörse heraus.*
Vater:	Naa, des war bloß a Joke! Lass drin, dei Geld!
Gast 1:	Achso, a Joke! *Lacht verlegen.* Hahaha! *Sieht Sohn und Tochter hilflos an, diese zucken, ebenso hilflos, mit den Schultern.*

Ein weiblicher Gast (Gast 2), auch ca. 16 Jahre alt, blond und sehr hübsch, betritt den Partykeller.

Vater:	*Leise zu Gast 1:* Wow! Geile Tussy, ha? An de muaßt di ranhalten, weil bei de Blonden geht leicht wos! I woaß des no vo früher! De blonden, de warn willig! Und eines Tages konnst dann sogn: „Ich kanns nicht fassen, sie hat mich gelassen!" Aso schauts aus! Immer ran an die Mutter! Des war mei Devise!
Gast 1:	Des is mei Schwester!
Vater:	Äh … alles klar, gratuliere! Dann Kommando zurück! Und Ausnahmen bestätigen die Regel! Aaf so a Schwester, do konnma stolz sei!
Gast 2:	Griaß God, Herr Schwägerl!

Vater:	Yo! Gott zum Gruße, schöne Frau! Wohin des Weges?
Gast 2:	*Irritiert:* Äh …, zur Party kimm i! Do is doch heit a Party, oder?
Vater:	Scho klar!
Sohn:	Ah, Papa, nix für unguat, i will di ja ned drängen, owa magst ned langsam aufegeh zur Mama?
Vater:	Keine Hektik! Glei! I daad bloß no an Schluck trinka mit eich! Wos habts denn an Bord? Weizen, Pils, Doppelbock, Rüscherl?
Sohn:	Kisascho hättma! Und an Hugo!
Vater:	Naa, koan japanischen Schnaps mog i ned!
Tochter:	Des is koa Schnaps! Kisascho is a Kirschsaftschorle!
Vater:	Wos alles gibt! Und wer is da Hugo?
Tochter:	A Prosecco mit Holundersirup!
Vater:	Brutal! *Zu Gast 2:* Wiama mir jung warn, hamma aa Partys gfeiert!
Gast 2:	A geh!
Vater:	Tatsach! Ey, do is voll abganga! Owa ned mit Kischosa oder wia des Glump hoaßt! Mir samma glei mit Doppelbock eigstiegn! Bei uns wars aso, do hamm um holwe zehne de ersten scho gspiem! Eine Stimmung und eine Gaudi hamm mir ghabt – der dodale Wahnsinn! Mir warma so 17, 18 Johr alt und hamma scho gsuffa wia d'Stier! War echt romantisch damals!
Gast 2:	Und wos hamm do de Deandln gsagt?
Vater:	Wos für Deandln? Deandln warn bei uns nie dabei bei da Party! Mir warn bloß a Herd Buama, so drei, vier, manchmal aa fünf! Des war der Wahnsinn!
Gast 1:	War des ned a weng fad? So ganz ohne Deandln?
Vater:	Für d'Deandln wars scho fad, weils ned dabei warn. Owa mir, mir hamm de höchste Gaudi ghabt! Mir hamm dann oft so umara Mitternacht no mit'm Schafkopfa ogfangt! Ey, mit drei Promille Schafkopfa, des hod an Esprit, des is voll der Kick! Du

	kennst die Schellnsau nimmer von da AOK-Kartn auseinander! Voll de Gaudi! Und mir hamm ins Geld gspielt, dass a Ernsthaftigkeit dahinter is! Weil ohne Geld is ja direkt a Schmarrn!
Gast 2:	Aha!
Vater:	Host du scho amal bsuffa Schafkopf gspielt, ins Geld?
Gast 2:	No nie!
Vater:	Dann host wos versaamt im Leben!
Gast 2:	Noja, i woaß ned so recht.
Vater:	Des is Spaß pur, blankes Entertainment! Oft hamma dann grauft, wega 20 Pfennig! Weil damals, do hodma no zammghaltn!
Tochter:	*Sehr peinlich berührt, schon leicht verzweifelt:* So Papa, jetza gehst owa aufe ins Wohnzimmer!
Vater:	Glei! Z'erst gib eich no a paar Partytipps, dass a Schwung einakimmt in eiern Event!

Gast 3 und Gast 4, ein Pärchen, betreten den Raum.

Sohn:	Griaß eich!
Tochter:	Servus Andy, griasde Vicky!
Gast 1:	Hey!
Gast 2:	Hey!
Gast 3:	Hey!
Gast 4:	Hey!
Vater:	Hey? Sagtma heitzudogs bloß no „hey"? Cool! Muaßama mirka! Wissts, i geh mit da Zeit! I möcht des wissen, wia da Slang lafft bei eich Kids! *Mit Blick zu den Neuankömmlingen:* Hey!
Gast 3:	*Irritiert:* Äh … griass God, Herr Schwägerl!
Gast 4:	Heyhey!
Vater:	*Lachend:* Heyhey! Cool!

Die Neuankömmlinge setzen sich auf eine Couch. Auf Grund der Anwesenheit des Vaters der Gastgeber herrscht eine beklemmende Ruhe. Dies wird von diesem jedoch völlig falsch interpretiert.

Vater:	Fallt eich nix ei, ha? Koa Action in der Hütte? Wissts wos? Dann gib eich i als Partyprofi amal a paar Tipps, wiama a Stimmung einbringt in eine Bude!
Sohn:	*Leise, den Kopf schüttelnd:* Oh Gott!
Tochter:	*Leise zum Bruder:* Jetza kimmt er wieder mit seine Spiele aus der Vorkriegszeit!
Sohn:	I draah glei durch! Hoffentlich ned des Bumsspiel! Bittebitte, lieber Gott, ned des Bumsspiel!
Vater:	Zum Beispiel des Bumsspiel! Des is da Wahnsinn!
Gast 1:	Bumsspiel? Wia geht denn des?
Sohn:	Äh …, Papa, muaßt du ned aufe zu da Mama? Da Florian Silbereisen lafft scho seit mindestens 20 Minuten!
Vater:	Glei! Der rennt mir ned davo, der Silbereisen! Bloß no schnell des Bumsspiel – des is schnell erklärt! Also, Leit, des geht aso: Man sitzt im Kreis rundum und oana oder oane fangt o mit Zählen, logischerweis mit eins – oder oans, des is beliebig! Der nächste sagt dann zwei – oder zwoa, je nachdem, da Dritte sagt drei und so weiter!
Gast 2:	Also nix für unguat, Herr Schwägerl, owa des is doch ziemlich fad, wennma bloß aso dahizählt! Des hod koan Kick!
Vater:	*Mit diebischer Freude:* Etza passts aaf, etza kimmta, da Kick: Bei jeder Zahl, wo 7 vorkimmt oder de durch 7 teilbar is, derfma ned de Zahl sogn, sondern man muaß „bums" sogn! Eine Fetzngaudi, i sog eichs! Also praktisch „fünf, sechs, bums, acht" und so weiter! Bei 14 muaßma dann scho wieder „bums" sogn, weil des is durch 7 teilbar! Kapierts des?
Gast 3:	Ja, is klar! Bei 17 sagtma dann aa „bums", weil do 7 vorkimmt!
Vater:	*Begeistert über die schnelle Auffassungsgabe der Gäste:* Genau! Genau, Mann! Du hostas voll checkt, voll! Gib mir die Fünf! *Hält Gast 3 die offene Handfläche*

	zum Abklatschen hin, Gast 3 klatscht ab, der Vater freut sich.
Gast 4:	Ja, okay! Owa gwinnt dann aa wer bei dem Spiel? Und wann is denn des Spiel dann aus?
Vater:	Des konnma im Prinzip ewig spieln, des wird immer besser, umso länger man des spielt! Ab 700 wirds a Brüller – bis 799 ununterbrochen bloß „bums", weil do kimmt ja ständig 7 vor! Mei, wos hamma do früher glacht aaf de Partys! Mir hamm gflennt vor Lacha! Der totale Hammer waar ja dann ab 7000 kemma, owa do war i meistens bloß no alloans, do wars zeitlich scho zu spät! Owa der Hammer waars scho gwen: „Bumsbumsbumsbums...", vo 7000 bis 7999 – brutal!
Sohn:	Wahnsinn!
Tochter:	*Beschämt:* Wahnsinn is gar koa Ausdruck!
Vater:	*Euphorisch:* Und natürlich is aa ein Anreiz dabei, dassma koan Fehler macht: Weil wenn oaner des „bums" vergisst und zum Beispiel „siebzehn" anstatt „bums" sagt, der muaß dann a Weißwurscht essn zur Strafe!
Gast 2:	A Weißwurscht?
Vater:	*Feixend vor Freude:* A Weißwurscht! Ja, a Weißwurscht! Des is ja der Wahnsinn! Und zwar kolt, mit Haut! Ey, des is voll grausam! Habts zufällig 50 oder 60 Weißwürscht do?
Sohn:	50 oder 60 Weißwürscht? Also Papa, wieso sollma denn soviel Weißwürscht do hobn? Mir hamma überhaupt koa Weißwurscht do!
Vater:	Hm ..., ohne Weißwürscht hods natürlich ned den Effekt! Hm ..., man kannts alternativ allerdings aa mit Wiener macha! Is zwar ned ganz so ekelhaft, owa aa brutal!
Tochter:	*Genervt:* Wiener hamma aa ned do!
Vater:	Aa ned? Mei, dann is des Bumsspiel praktisch hinfällig, weil ohne Würscht bringst einfach de Gaudi

ned eine! Owa schee waars gwen, weil wissts, wenn oana dann sechs oder siem Weißwürscht owepresst hod – ey, dem is dermaßen schlecht, des is für alle ein Riesenspaß! Und der konn sich ja nimmer konzentrieren, weil eam so schlecht is. Und des is dann ein Teufelskreis, weil der vergisst dann des „bums" erst recht! Und zack, kimmt scho de naxte kolte Weißwurscht mit Haut! Irgendwann is der Punkt of no return erreicht: Der speibt, dass es a Freid is!

Tochter: *Nach wie vor genervt:* Na super!

Vater: Und ob des super is! Owa koa Angst, i woaß no a Spiel, ohne Würscht! Des is aa a Stimmungsbringer hoch drei!

Sohn: Papa, i glaub, du muaßt etza tatsächlich aufe! Glei wird d'Mama wieder kemma und dann schimpfts!

Vater: *Zu den anderen Gästen:* Alles easy, Leit, alles easy! „No woman, no cry" hod scho da Bob Dylan gsunga!

Gast 1: Des war da Bob Marley!

Vater: Owa recht hoda ghabt! Also, des andere Spiel geht folgendermaßen: Man braucht vier Liter Schnaps, sechs, möglichst gebrauchte Unterhosen, je drei männlich und weiblich, dann …

Ein weiterer, weiblicher Gast (Gast 5) betritt den Raum. Das ca. 18-jährige Mädchen ist sehr attraktiv und trägt ein rotes Kleid.

Gast 5: Hi Leit!

Die anderen Gäste begrüßen den hübschen Neuankömmling mit „Hi", „Hey" und „Hallo" sowie freundlichem Heben des Kopfes.

Vater: *Schmeichelnd:* Heyhey, Lady in Red! I bin da Dad von dene zwoa! *Deutet auf Sohn und Tochter, die nach wie vor peinlich berührt dastehen.*

Gast 5: I kenn Sie scho, Herr Schwägerl! I kenn Sie scho! *Lächelt vieldeutig.*

Vater:	Du kennst mi? Cool! *Stolz zum Sohn:* Man kennt mich! Die hübschen jungen Damen kennen mi! Do segstas – sooo alt bini aa no ned, wia du immer moanst! *Grinsend zu Gast 5:* Und woher kenna wir uns, wenn i frogn derf?
Gast 5:	Wissens des nimmer, Herr Schwägerl?
Vater:	*Grübelnd:* Hm …, irgendwie, ganz schemenhaft, irgendwie, hm …, mir fallts momentan ned ei. Gibma an Tipp!
Gast 5:	Vorletzts Wochenende beim Feierwehrfest! Do hob i doch im Festzelt in da Bar bedient.
Vater:	*Leicht irritiert:* Ehrlich?
Gast 5:	Ja! Und do san Sie kurz vor Mitternacht mit zwoa junge, zwoa sehr junge Mädchen in d'Bar einekemma.
Vater:	*Immer unsicherer:* Echt? Do konn i mi etza gar nimmer erinnern! I soll des gwesn sei?
Gast 5:	Jaja, Sie warn des! Owa des glaub i scho, dass Sie sich do nimmer so erinnern kinna. Sie warn nämlich sehr betrunken, sehr!
Vater:	*Schwitzend:* Ohne Schmarrn?
Gast 5:	Ohne Schmarrn! Und wos dann kemma is, des war der Hammer! Sowos hab i selten erlebt! Dass ein verheirateter Mo in da Nacht um zwölfe in Gegenwart vo zwoa bluatjunge Damen …
Vater:	*Sieht kreidebleich auf die Uhr und unterbricht Gast 5.* Öha! Da Silbereisen is ja scho lang oganga! I muaß aufe! Also, a scheene Party no! Pfiat eich! *Verlässt fluchtartig den Partykeller.*
Sohn:	*Zu Gast 5:* Also Sabine, des daad mi jetza scho interessiern: Wos hod denn mei Voda gmacht in da Bar?
Gast 5:	Eigschlaffa isa!

Dem Schutz der Natur, der Flora, der Fauna und was sonst noch dazugehört, wird heutzutage (zu Recht!) große Bedeutung beigemessen. Es gibt zahlreiche Fachmänner, Fachfrauen, Fachstellen, Fachberater, Fachbehörden, Fachzeitschriften und Fachgespräche, die sich dieses wichtigen Themas annehmen und sich mit ihm beschäftigen. Böse, sehr böse Zungen behaupten, es gäbe auch zahlreiche Fachidioten auf diesem Gebiet, doch dieser Aussage würde ich mich nie und nimmer anschließen wollen. Eines ist aber auch klar: Wenn sich allzu viele mehr oder weniger kompetente Naturbewahrer mit einer brisanten Materie beschäftigen, kann es auch zu Irrungen und Wirrungen kommen. Wie beim folgenden

Ortstermin

Teilnehmer:

Diplombiologe Gundolf Schramm (Umweltministerium)
Dipl.-Ing. (FH) Anton Feuchtinger (Amt für Wasserwirtschaft)
Dipl.-Ökotrophologe Jens Beinlich-Zurrhahn (Obere Naturschutzbehörde)
Oberamtsrat Rudi Ruhland (Mittlere Naturschutzbehörde)
Verwaltungsrat Ögdan Holzinger (Untere Naturschutzbehörde)
Dipl.-Geograph Dr. Uwe Steinlein (Amt für Landesplanung)
Oberregierungsrat Ludwig Hutzlmeier (Regierung)
Amtmann Michael Wiese (Landratsamt)
Stadtrat Conny Kimpf (Umweltbeauftragter der Gemeinde)
Xaver Schmidl (Bayerischer Bauernverband)
Sepp Spangl (Landwirt)
Karl Bleicher (Landwirt)
Uta Pippinger-Entlein (Vogelschützerin, Vorsitzende der Interessengemeinschaft „Freude mit Vögeln")
Franz Laichinger (Vorsitzender des örtlichen Fischereivereins)
Verwaltungsangestellte Renate Renner (Protokollführerin)
Zanuti, Kerber, Schleicher und Wrba (Fahrer der Herren Schramm, Feuchtinger, Hutzlmeier und Steinlein)
Josef Grundl (Schützenmeister – zufällig anwesend)

Dr. Jan Srzbyla *(Dolmetscher für die tschechische Sprache – aus Versehen anwesend)*

Schramm:	Sehr geehrte Frau Pippinger-Entlein, Frau Renner, meine Herren!
Spangl:	*Zu Bleicher:* Host des ghört, Kare? Pippinger-Entlein hoaßt de, aso a gschissna Nam!
Bleicher:	Pssst, Sepp! Lus, wosa sagt, da Chef!
Spangl:	*Kopfschüttelnd und grinsend:* Pippinger-Entlein – ein Wahnsinn!
Schramm:	Ich darf Sie alle herzlich begrüßen, hier bei unserer Naturbeobachtungsstation, die, wie ich bemerken darf, vom Umweltministerium und von der EU gefördert wurde!
Schmidl:	*Zu Bleicher und Spangl:* De EU, de bringt uns alle no um! In Griechenland kriagns für jeden Misthaffa an Zuschuss, und bei uns? An Dreg gibts! Geh, hör mir bloß aaf mit dera EU!
Spangl:	Do host du recht, Xaver!
Bleicher:	Owa da Bauernverband konns aa ned ändern! Is ja mit Portugal des Gleiche, haargenau des Gleiche! De fischn und fischn und bei uns is da Milchpreis im Keller! Stimmts oder hob i recht?
Schmidl:	Noja, des oane hod jetza mit dem andern ned direkt wos zum dua.
Bleicher:	Des sagst du, owa im Endeffekt: Lauter Verbrecher! I geh aaf koa Wahl nimmer! Mir is doch da Walfisch wurscht! Ob der ausstirbt oder ned, des is fürn Milchpreis unerheblich! D'Japaner san de Gleichen!
Spangl:	Pssst! Lusts halt amal, wosa sagt, da Diplomding vom Ministerium! Ihr miassts scho aafpassn! Der Mo fohrt extra vo Minga owa und ihr zwoa lusts eam ned zua! Des is doch unhöflich!
Schramm:	*Hat zwischenzeitlich den Großteil der Teilnehmer der Expertenrunde einzeln vorgestellt, zu Zanuti:* Und wer sind Sie, wenn ich fragen darf?

Zanuti:	*Verblüfft:* Äh …, i bin Ihr Fahrer, Herr Schramm! Zanuti hoaß i!
Schramm:	Äh …, ja! Mein Fahrer! Stimmt!
Kerber:	*Auf sich, Schleicher und Wrba deutend:* Und mir drei samma aa Fahrer!
Schramm:	Sehr schön! *Zu Grundl:* Und Sie waren nochmal …?
Grundl:	Grundl! Josef Grundl!
Schramm:	Ah ja, der Herr Grundl! Welche Behörde vertreten Sie?
Grundl:	Den Schützenverein „Pulverfreunde Hinterbuchern"! I bin do der erste Schützenmeister!
Schramm:	*Leicht verwirrt:* Äh …, ja. Dann auch Ihnen ein herzliches Grüß Gott!
Grundl:	I bin bloß zufällig do! I bin mit'm Radl vorbeigfohrn und hob mir denkt: „Öha, aso a Haffa Leit und drümmer Auto mit auswärtige Nummern! Schaust amal, wos do lous is!" Grad aso! Is des in Ordnung, wenn i do a weng zuaschau?
Schramm:	Gerne! Sehr gerne! Wir freuen uns immer über Gäste! Nicht wahr, meine Herren? *Lächelt gönnerhaft in die Runde, die Anwesenden lächeln ebenso gönnerhaft in Richtung Grundl.*
Grundl:	Dankschön!
Schramm:	Bitteschön! Also, verehrte Frau Pippinger-Entlein, meine Herren! Wir haben uns heute hier bei der Naturbeobachtungsstation am Draxensee versammelt, um über den Eintrag von organischen Stoffen, basierend auf Tierexkrementen, in ein Gewässer zweiter Ordnung durch agrarisch produzierende Anrainer zu sprechen!
Bleicher:	Wos sagta?
Spandl:	Ums Odeln gehts!
Bleicher:	Achso, ums Odeln! Warum sagta denn des ned glei?
Spandl:	Weil er a Diplomdings is! De redn ned so primitiv wia mir!
Bleicher:	Hör mir aaf mit de Gstudierten!

Srzbyla:	Äntschuldigung bittää! Ist nicht das Simposium fir Instrumentenbau in Bähmerwald?
Bleicher:	Hä? Wos isen er für oaner?
Spangl:	Vo do is der ned! Des is koa Hiesiger, do trau i mir wettn!
Schramm:	Äh …, Sie habe ich jetzt ganz übersehen; wer sind Sie, wenn ich fragen darf?
Srzbyla:	Srzbyla mein Namää! Dr. Jan Srzbyla von Pilsään. Ich bin Dolmetschäär staatlich anerkannt fir deutsch-tschechisch und tschechisch-deutsch. Habe ich Auftrag erhaltään fir ibersetzään bei Simposium fir Bau von Intrumentää in Bähmerwald!
Bleicher:	Guada Mo, do gehts heit um Odl, ned um Instrumente! Exkrement, ned Instrument!
Srzbyla:	Wie bittää?
Spangl:	Dua den Mo ned verarschen, Kare, der is gstraft gnua! Der hod null Plan, der is dodal am falschen Dampfer! Der konn ned amal deitsch!
Schramm:	Oh, Herr Szbyla …
Srzbyla:	Srzbyla!
Schramm:	Herr Srzbyla, da sind Sie hier völlig verkehrt! Wir sind eine Expertenrunde zum Thema Gewässerschutz; Naturschutz – verstehen Sie?
Srzbyla:	*Relativ verzweifelt:* Aber wo ist Simposium? Bin ich dort Ibersetzer einzigäär! Warten Teilnehmäär alle auf mich und bin ich nicht da! Ist beinlichää Situation!
Kimpf:	Wissens wos, fragens amal im Rathaus im Kulturamt! De Damen wissen alles über den ganzen Schmarrn!
Srzbyla:	Wie bittää?
Kimpf:	Du fragen im Rathaus, dort Frauen dir helfen! Kenne ich mich aus, weil bin ich Stadtrat!
Srzbyla:	Oh, danke schään! Wo ist Rathaus bittää?
Kimpf:	Wissen Sie unsern Bahnhof? Zug? Bahnhof?
Srzbyla:	*Hoffnungsfroh:* Oh ja, Bahnhof kennää ich!
Kimpf:	Do is ned! Des is ganz wo anders!

Srzbyla:	Wie bittää?
Kimpf:	Weißt du Stadtplatz von Stadt?
Srzbyla:	Stadtplatz? Ja, Stadtplatz kennää ich auch!
Kimpf:	Da ist Rathaus! Einfach Leute fragen, wo, und Leute sagen dann, wo du hin müssen! Dann hinein und dann in Erdgeschoss ist Kultur!
Srzbyla:	Oh, vielään Dank! Auf Wiedersehään! *Eilt zu seinem Skoda und fährt ab.*
Schramm:	Der gute Mann war hier wohl fehl am Platze. Naja, das kann ja mal passieren.
Renner:	Muß ich das jetzt alles mitschreiben ins Protokoll? Weil der Mann hat sehr seltsam gesprochen, das ist schwierig zu protokollieren!
Schramm:	Neinein, Frau Renner, das noch nicht!
Pipp.-Entl.:	Also, um zurück zum Thema zu kommen, wenn ich einmal eingangs etwas bemerken dürfte: Ich finde, die Landwirtschaft sollte schon etwas mehr Selbstdisziplin üben und auf übermäßiges Düngen im Uferbereich des Sees verzichten! Irgendjemand muss es ja mal sagen, oder? *Sieht, Zustimmung erhoffend, in die Runde.*
Laichinger:	Ja, des find i aa! Also, nix gega d'Landwirtschaft im Allgemeinen, owa des muaß doch ned sei, dassma a paar Meter vom Ufer weg sei Jauche ausbringt! I find, des muaß doch ned sei, find i!
Schmidl:	Also so einfach kannma sich des fei ned macha, gell! Weil es ist nicht bewiesen, dass …
Bleicher:	*Unterbricht ihn:* Xaver, Moment! Etza is soweit, dass i wos sogn muaß! Also, Frau Pippentl-Dinglein …
Pipp.-Entl.:	Pippinger-Entlein!
Bleicher:	Aa recht! Also Frau Pippinger-Dingsbums, werns bittschön ned unsachlich! Und Laichinger Franz, des Gleiche gilt für di und deine Fisch! Weil oans is klar: De ganzen Vögl und de ganzen Fisch – ja glaubts denn ihr, da hamm koane Ausscheidungen? Wos de Johr und Dog in den See einkacken, des san Massen,

	Massen san des! Tuens nicht de Verschmutzung allaweil aaf uns Bauern abwälzen! I sog Eahna oans: I persönlich, i hob no nie in den See einegschissn! Entschuldigen Sie den Ausdruck, owa i muaß des amal so drastisch sogn! I derf maustot umfalln, wenn i jemals in den See einegschissn hob!
Spangl:	Genau! Des Gleiche gilt für mi! Und mei komplette Familie!
Pipp.-Entl.:	So war es ja auch nicht gemeint! Es ist ja nicht gegen Sie persönlich gerichtet, aber man wird doch seine Bedenken äußern dürfen! Deswegen sind wir doch hier, oder?
Schramm:	Da haben Sie vollkommen recht, Frau Pippinger-Entlein! Wir wollen ja heute eine Art Bestandsaufnahme vornehmen. Lösungen werden wir heute noch nicht erarbeiten können.
Renner:	Bloß eine Frage: Soll ich das jetzt ins Protokoll schreiben mit der Vogelscheiße und so?
Schramm:	Vielleicht nicht ganz so drastisch in der Wortwahl, aber im Grundsatz schon! Schreiben Sie vielleicht „Ausscheidungen"!
Bleicher:	Wega mir kinnans des ruhig eineschreim ins Protokoll, weil des konn i beschwörn! Man muaß ja ned jeden Scheiss nobel ausdrucka, oder?
Schramm:	Nein, muß man nicht, aber trotzdem, bitte, Frau Renner, schreiben Sie lieber „Ausscheidungen"! Falls eines Tages der Herr Minister das Protokoll liest, dann sollte es doch einen gewissen Stil haben!
Bleicher:	*Leicht gekränkt:* Dann halt ned! Is mir aa wurscht!
Feuchtinger:	Also ich würde vorschlagen, dass die Herren Bleicher und Spangl als Hauptanlieger des Sees kurz berichten, in welchem Turnus sie ihre Jauche ausbringen. Damit wir wissen, von welcher Belastung in welcher Zeitspanne wir ausgehen müssen.

Schramm:	Gute Idee, Herr Feuchtinger, sehr gute Idee! Also, Herr Bleicher, Herr Spangl, bitte schön! Sie sind dran!
Bleicher:	*Erschrocken:* Wos? Wer? Wos is lous?
Schmidl:	Du sollst sogn, wann dass du odelst!
Bleicher:	Wann dass i odl? Ja mei, meistens noch'm Mittagessen! Manchmal aa scho in da Friah, je nachdem!

Allgemeines Grinsen der Fachleute angesichts der ihrer Meinung nach dümmlichen Antwort.

Schmidl:	Naa, Bleicher, ned von da Uhrzeit her, mehr allgemein! Odelst du alle acht Wocha? Oder alle drei Monat, oder zwoamal im Johr, oder wos?
Bleicher:	Achso! Ja also …, wenns rengt, dann odl i!
Schmidl:	Wenns rengt?
Bleicher:	Jawoll! *Dienstbeflissen in Richtung Schramm:* Weil es hoaßt ja, wenns rengt, dann sollma odeln! Hoaßts doch, oder? Des is doch a Gsetz, oder?
Schramm:	Nein, so ist es nicht. Es heißt nicht, man soll bei Regen Jauche ausbringen, sondern es heißt, man soll bei Trockenheit **keine** Jauche ausbringen!
Spangl:	Des is doch ghupft wia gsprunga! I odl aa, wenns rengt! Weil wenns ned rengt, dann silier i! Es sei denn, im Winter, dann dua i Eisstockschiaßn!

Allgemeines Gelächter über die amüsante Bemerkung Spangls, der sichtlich stolz auf seinen erheiternden Einfall ist.

Spangl:	Weils wahr is! Naa, ohne Schmarrn: I odl so dreimal bis viermal im Johr. Owa oans is klar: I odl ned näher als hundert Meter ans Seeufer hi! Weil bläd bin i aa ned, i les aa Zeitung!
Bleicher:	Und i, i odl so circa sechsmal im Johr. Owa da Sepp hod a größers Odlfoß!
Spangl:	*Stolz:* A drumm Odlfoß! Also wos mei Odlfoß betrifft, do konnma sogn: „Jawoll! Des is ein Odlfoß!"

Bleicher:	*In die Runde:* Des stimmt! Ein Traum von einem Odlfoß! Der wenn odelt, do moanst, a Vulkan is ausbrocha, aso spritzt des!
Wiese:	*Meldet sich schüchtern und leicht transpirierend.* Äh …, i hätte da amal eine Frage.
Schramm:	Bitte schön! Geht es auch um Fäkalien?
Wiese:	Jawohl, im weitesten Sinne schon! Weil ich wollte fragen, wo da des Klo is! Ich müssert einmal austreten! Relativ zügig, wenns ginge!
Schramm:	Achso! Äh …, Herr Beinlich-Zurrhahn, Sie haben beim Bau der Beobachtungsstation mitgewirkt. Können Sie dem Herrn weiterhelfen?
Beinl.-Zurrh.:	Ins Gebäude hinein, den Gang entlang und die zweite Türe rechts!
Wiese:	Danke! *Geht sehr flotten Schrittes in das Gebäude.*
Schramm:	Nun, wenn ich das so höre, meine Damen und Herren, dann erscheint der Eintrag von organischen Stoffen aus der Landwirtschaft weit weniger dramatisch als ursprünglich befürchtet. Vor allem die Tatsache, dass die Landwirte einhundert Meter Abstand vom Seeufer halten, ist für die Wasserqualität des Sees sehr positiv zu bewerten! Mein Dank gilt an dieser Stelle den Landwirten für ihr Verständnis!
Hutzlmeier:	Wir sind in unserer Abteilung von einer negativeren Entwicklung ausgegangen. In meinem Dossier habe ich einen höheren Schadstoffeintrag angesetzt! Ich denke, ich sollte ein neues Dossier vorlegen!
Bleicher:	In sein wos?
Spangl:	Woaß da Deifl, i hob aa nix verstanden! Irgend a Dose oder wos.
Schmidl:	A Dossier hoda gmacht! Des is aso a Art Aufsatz!
Bleicher:	Aha! Noja, wenn er moant! I hob des in da Schul überhaupt ned gmigt, des Aufsatzschreim!
Schramm:	Auf jeden Fall ist es weit weniger bedenklich, wenn die organischen Stoffe zum Großteil in den Grünflä-

	chen versickern und die Wasserfläche nur in geringem Maße erreichen!
Pipp.-Entl.:	Ja Momeeeent, Herr Schramm! So einfach können wir uns die Sache nicht machen! Ich darf darauf hinweisen, dass in den Uferwiesen der geschützte grüngestreifte Rindenschnalzer brütet!
Ruhland:	Insgesamt sieben Brutpaare! De san statistisch nachgewiesen, weil de hod letzts Johr a Praktikant extra zählt! Eigentlich warns acht Gelege, owa oans hod er tragischerweise ztretn! Aus Panik, weil er a Ringelnatter gseng hod!
Bleicher:	Hod der orme Deifl nix anders zum dua als dass er Vögl zählt aaf da Wies? Womöglich no nach'm Odeln!
Pipp.-Entl.:	*Empört:* Vögel zählt, Vögel zählt! Der grüngestreifte Rindenschnalzer ist in ganz Mitteleuropa äußerst selten geworden! Er reagiert sehr sensibel auf Veränderungen seiner Umwelt! Und deshalb sollten wir das Ausbringen der Jauche auf die Wiesenflächen nicht so bedenken- und kritiklos hinnehmen!
Bleicher:	Etza sog Eahna oans: Geodelt is scho immer worn, scho immer! Und Eahna Rinderfalter hod immer briat in da Wies und hodse no nie beschwert!
Pipp.-Entl.:	Rindenschnalzer!
Bleicher:	Is doch wurscht! Aaf jeden Fall is scho allaweil godelt worn!
Pipp.-Entl.:	*Gereizt-schrill:* Aber nicht so hochkonzentriert! Früher war die Jauche doch viel wässriger und weniger aggressiv! Heute, mit der Gülle, das ist ja viel, viel toxischer!
Bleicher:	*Nachdenklich:* Des stimmt! Und dann no die drümmer Odlfässer!
Spangl:	Willst jetza du mei Odlfoß kritisiern oder wos?
Bleicher:	I sog bloß! Owa für an so an Vogl is des natürlich scho a Hammer, wenn do so ein drumm Foß de ganze Gülle hispritzt! Also i wenn a Vogl waar, i daad

	aa sogn: „Ja verreck, so eine Scheiße!" Und dann verreckt er tatsächlich! Einfach is des für so an Vogl ned!
Pipp.-Entl.:	Danke für Ihr Verständnis!
Spangl:	Ja mei, i konn aa nix dafür! Da Odl muaß ausse! I konna doch ned selber saffa!
Schramm:	Das verlangt niemand von Ihnen, Spangl!
Spangl:	*Bockig:* Wos soll i denn macha mit mein Odl? Ihr kafftsman ned ab, oder? Also!
Schramm:	Beruhigen Sie sich, Herr …
Spangl:	Spangl!
Schramm:	Herr Spangl, beruhigen Sie sich! Das war ja nicht persönlich gemeint, oder, Frau Pippinger-Entlein?
Pipp.-Entl.:	Äh …, nein, natürlich nicht! Ich wollte es nur erwähnt haben. Sie müssen mich schon verstehen – bei Vögeln bin ich einfach sehr emotional!
Grundl:	Aso schauts aus!
Schramm:	Wie bitte?
Grundl:	Ah …, nix!
Wiese:	*Kommt erleichtert vom Klo zurück.* Äh …, habe ich etwas versäumt?
Schramm:	Nein, wir sind immer noch beim Themenkomplex Schadstoffeintrag. Frau Pippinger-Entlein hat lediglich auf die Population des grüngestreiften Rindenschnalzers in den Ufergrundstücken hingewiesen!
Wiese:	Ist das ein Lurch?
Pipp.-Entl.:	*Energisch, verständnislos:* Ich darf doch sehr bitten! Das ist ein Vogel! Ein geschützter Vogel! *Kopfschüttelnd:* Ein Lurch! Und ich dachte, das sei ein Fachgremium heute! Ein Lurch! Nicht zu fassen!
Wiese:	*Leicht eingeschnappt:* Also Frau Pippinger Entlein, des is jetza unfair! Ich bin ein Verwaltungsbeamter des gehobenen Dienstes und kein Naturwissenschaftler! Also alles kann i aa nicht wissen!
Pipp.-Entl.:	Ja, ist schon gut, Entschuldigung!
Zanuti:	Ich hätt da amal eine Frage!

Schramm:	*Überrascht, dass der Fahrer fragt:* Äh …, ja, bitte!
Zanuti:	Derfma do raucha?
Schramm:	Äh …, also …, ich denke, äh, ich denke schon! Weil wir befinden uns ja im Freien!
Zanuti:	Dankschön!

Zanuti, Wrba, Holzinger, Kimpf, Beinlich-Zurrhahn und Grundl zünden sich sofort eine Zigarette an, Pippinger-Entlein schüttelt den Kopf angesichts dieser Unvernunft und des Raubbaus an der Gesundheit.

Schramm:	Also ich denke, wir sind schon einen großen Schritt weitergekommen! Es ist immer gut, wenn man Probleme mit den Betroffenen direkt vor Ort bespricht!
Laichinger:	Owa fischmäßig hamma no nix gsagt! I moan, es gibt ja ned bloß Tiere über dem Wosser, es gibt aa welche unter dem Wosser! Nix gega den grüngefleckten Spindelkratzer …
Pipp.-Entl.:	*Genervt und schulmeisterlich:* Grüngestreifter Rindenschnalzer heißt das Tier!
Laichinger:	Ja okay, dann halt so. Owa trotzdem: Der Fisch ist auch ein Wesen Gottes! Schon Jesus und seine Jünger hamm gern gfischt!
Schramm:	Sie haben schon recht, Herr Laichinger! Welche Fischarten sind denn im Draxensee anzutreffen?
Laichinger:	Bis jetza no gar koane! De setzma ja im Frühjahr erst ei! Mir brauchma im Fischereiverein erst an Vorstandsbeschluss, wosma für welche eisetzn! De Meinungen gehen no weit auseinander – von Karpfen über Hecht und Weißfisch bis hi zum Zander! Forelln sowieso!
Schramm:	Dann würde ich vorschlagen, wir treffen uns im nächsten Sommer zu einem Round-Table-Gespräch und besprechen dann die Fischpopulation!
Bleicher:	Wo treffense de?
Spangl:	Irgendwo im Wirtshaus! Mit Table-Dance!
Bleicher:	Achso!

Laichinger:	Genau! Aso machmas! I wollt bloß draaf hingwiesen hom, dass da Fisch an sich aa besprochen ghört!
Bleicher:	Werds nacha scho an Walfisch eisetzn, der wos dann de ganzen Vögl frisst, wenns am See umananda-schwimmen!
Laichinger:	Omei Kare, du bist und bleibst ein Aff!
Bleicher:	Konnst des beweisen?
Laichinger:	Hm … ned direkt!
Bleicher:	Also nacha! Bi staad, Depp! *Lacht.*

Alle lachen und freuen sich, weil sich Bleicher und Laichinger so gut verstehen und eine so freundschaftliche Konversation pflegen.

Grundl:	I hätt do noch a Frage!
Schramm:	Ja, bitte?
Grundl:	Wenns erlaubt is! Weil i bin bloß zufällig do!
Schramm:	Bitte! Fragen Sie ruhig!
Grundl:	Wos is eigentlich mit dem Hinterland?
Schramm:	Hinterland?
Grundl:	Ja, 's Hinterland! Weil der Bach, der wos in den Dra-xensee einerinnt, der kimmt aus dem Hinterland!
Ruhland:	Des stimmt! Eindeutig! Da, schauns her! *Hält den Lageplan in die Luft, auf dem erkennbar ist, dass der See über ein Hinterland verfügt.*
Grundl:	*Selbstbewusst:* Und wenn im Hinterland wer odelt, dann kimmt der Odel über den Bach in den See und kein Mensch konns verhindern! Und da Bleicher und da Spangl kinnan nix dafür! Weil im Hinterland, do odeln andere, ganz andere! De san namentlich gar ned bekannt! Momentan!
Bleicher:	I hobs ja glei gsagt: An uns liegts ned!
Schramm:	*Verunsichert:* Äh …, äh …, das jetzt auszudiskutieren würde vermutlich heute zu weit führen! Vor allem verfügen wir ja hinsichtlich des Hinterlandes über keinerlei Daten, was die potenziellen Einbringer von organischen Stoffen betrifft! Ich würde vorschlagen, wir treffen uns zu diesem Themenkomplex geson-

dert, möglichst wieder in dieser Runde! Was meinen Sie, verehrte Anwesende?

Allgemeines Nicken und wohlwollendes Murmeln signalisiert Zustimmung.

Steinlein: Und wo treffen wir uns?

Schramm: Ich würde vorschlagen, gleich im Hinterland, oder?

Erneutes allgemeines Nicken bestätigt die Logik, die im Vorschlag Schramms liegt.

Schramm: Frau Renner, haben Sie das protokolliert?

Renner: „Nächstes Treffen im Hinterland." Jawohl, habe ich! Wäre das dann vor dem Gespräch über die Fische oder nachher?

Schramm: Sehr gute Frage! Ich würde sagen vorher, auf jeden Fall vorher! Weil der Fischbesatz erfolgt ja erst im nächsten Früjahr!

Bleicher: Eben! Und geodelt wird immer! *Grinsend:* Bsonders im Hinterland!

Schramm: *Lacht.* Ach, Herr Bleicher! Sie haben einen so erfrischenden Humor!

Bleicher: Jamei, i bin aso. Mei Wei sagt allaweil: „Kare, du bist und bleibst ein Depp!"

Schramm: Das war ein schönes Schlußwort! Und nun lade ich Sie alle im Namen des Herrn Staatssekretärs, von dem ich Sie herzlich grüßen soll, zu einem kleinen Imbiss in die Naturbeobachtungsstation ein!

Grundl: Derf i do aa mit?

Schramm: Selbstverständlich! Sie haben sich ja auch mit eingebracht!

Grundl: *Stolz:* Des stimmt! Mit'm Hinterland!

Schramm: Eben!

Bleicher: A Hund isa scho, unser Staatssekretär!

Spangl: I wöhlna aaf jeden Fall wieder!

Die SMS

Frau:	Wos duast denn do?
Mann:	Etza schreib i amal a SMS!
Frau:	Du? A SMS? Warum schreibst du a SMS? Du host doch no nie a SMS gschriem!
Mann:	Weil i ned bläd bin! Wenn unser Bua mit 15 a SMS schreim konn, dann werd doch i mit 51 aa oane schreim kinna, oder? I hob mir doch koa Smartphone kafft bloß zum Telefoniern! I schreib etza a SMS und aus!
Frau:	Owa des kost doch wos!
Mann:	I hob a Flatrate!
Frau:	Wos host?
Mann:	A Flatrate!
Frau:	Wos is nacha des?
Mann:	Des woaß i aa ned, owa de Handyfrau hod gsagt, do konn i pro Monat 40 SMS schreim und des kost nix!
Frau:	40 SMS? Wem willst denn du 40 SMS schreim?
Mann:	Momentan woaß i des no ned, owa vielleicht ergibt sich des amal. Und dann, dann hob i a Flatrate!
Frau:	An Vogel host!
Mann:	Des verstehst du ned, weil Frauen und Technik, des is da Widerspruch an sich!
Frau:	Genau! Und du bist ebba der große Techniker? Wer hod denn 8er Dübel kafft und 4er Schrauben? I oder du?
Mann:	Des is ganz wos anders, des spielt sms-mäßig koa Rolle! Und außerdem hob i mir denkt: „Kaffst 8er Dübel und 4er Schrauben, dann passn pro Dübel zwoa Schrauben eine, dann halts besser!"
Frau:	Omei! Du und denka! Host dann wenigstens 'n Buam gfragt, wia des geht mit dera SMS?
Mann.	Spinnst du? I konn doch den ned frogn! I bin sei Vater, i bin für den eine Autorität! Do mach i mi doch zum Deppen, wenn i den frag! Der sagt dann in da

	Schul zu seine Kumpl: „Mei Voda is z'dumm zum SMS schreim!" Und dann kimmt a Kumpel zu uns und segt mi und denktse: „Aha, des is der, der wos z'dumm is zum SMS schreim!" Niemals frog i den!
Frau:	Und wennstas ned konnst?
Mann:	Des konn i locker! Des is dodal leicht! De Handyfrau hod gsagt, des konn a jeds Kind!
Frau:	Ja eben! Und du bist koa Kind!
Mann:	Du allaweil mit deiner Haarspalterei! Etza pass aaf: Zerst schalt i des Handy ei. *Schaltet Handy ein.* Segst, is scho eigschalt! Des war der erste und wichtigste Schritt!
Frau:	Und jetza?
Mann:	Jetza gib i mei Passwort ei!
Frau:	Dei Passwort? Wos is nacha dei Passwort?
Mann:	Des derf i neamad sogn, des is dodal geheim!
Frau:	Mir derfstas doch sogn, i bin doch dei Frau!
Mann:	Nein! I sog dir des ned, weil du erzählstas dann beim Kaffeetrinka da Hildegard und de erzählts wieder weida und irgendwann woaß jeder Depp mei Passwort!
Frau:	Owa wenn i amal telefoniern mog mit dein Handy, dann konn i ned!
Mann:	Pass aaf, a Geheimtipp: I hob mei Passwort aaf an kloan Zettel aafgschriem und den hob i hintn ans Handy dropickt! Falls i amal selber mei Passwort vergiss! *Dreht das Handy um und zeigt der Frau die Rückseite.* Do, les! Owa sogn dua i des Wort ned!
Frau:	*Liest:* A-l-f-o-n-s. Alfons! Des is ja dei Vornam! Du wirst dir doch dein Vornam mirka kinna!
Mann:	Mein Vornam scho, owa dass mei Vornam mei Passwort is, des konn i mir vielleicht ned mirka! Dass des mei Nam is, des is mir scho klar, scho seit meiner Kindheit! Owa dass des mei Passwort is, des woaß i erst seit kurzem!
Frau:	Omei! Also, dann gibs ei, dei Passwort!

Mann:	*Gibt das Wort SLFOMD ein.* Zefix!
Frau:	Etza host SLFOMD eigebn! Wos soll denn des?
Mann:	Weil de gschissne Tastatur so kloa is. Do miasserst ja Finger hom so dünn wia a Mikadosteckerl, dass du de Buchstabn gscheit triffst! So ein Glump!
Frau:	Konzentrier di halt a bisserl! Du bist allaweil so unkonzentriert!
Mann:	Du redst di leicht! Du muaßt ganz staad sei, du host ned amal mei Passwort gwisst!
Frau:	Woher soll i des wissen?
Mann:	Des könntst scho wissen, dass i Alfons hoaß!
Frau:	Mei, redst du einen Schmarrn daher! Etza gib des Passwort ei, dassma weidamacha kinna!
Mann:	I mach weida, **du** schaust zua!
Frau:	Ja guat, dann mach weida!
Mann:	*Gibt hochkonzentriert und nach einigen Fehlversuchen das Wort ALFONS ein.* Zack – und scho samma drin im System!
Frau:	Also, oans muaß i scho sogn: Bis du im System drin bist, derweil hod unser Bua scho fünf SMS gschriem – mindestens!
Mann:	Des wird scho no, aller Anfang ist schwer!
Frau:	Und etza?
Mann:	Moment, setz mi halt ned dauernd aso unter Druck! Etza lesma amal aaf dem Bildschirm, wo „SMS" steht. *Durchsucht mit den Augen das Display.* Eigentlich steht des nirgends. Schau amal du, vielleicht findstas du! *Hält ihr das Handy unter die Nase.*
Frau:	*Nach konzentriertem Suchen:* Des steht ned drauf! Vielleicht geht des gar ned mit dem Handy!
Mann:	Des muaß geh, weil i hob a Flatrate!
Frau:	Vielleicht bei Nachrichten? Weil a SMS is doch im Prinzip a Nachricht!
Mann:	Des glaubst doch selber ned!
Frau:	Probiers halt amal und druck aaf Nachrichten!

Mann:	*Genervt:* Ja guat, dann druck i halt hi, dass a Ruah is! *Drückt, das Fenster zum Verfassen einer SMS geht auf.* Öha!
Frau:	Wos hob i gsagt! Do schau hi, des schaut aso aus, als könntma wos schreim!
Mann:	*Kleinlaut, aber immer noch skeptisch:* Ausschaun duats fast aso! Hm, do steht jetza „An". Wos soll etza des hoaßn?
Frau:	An wen du de SMS schicka willst wahrscheinlich.
Mann:	Moanst?
Frau:	I glaub scho. Probiers halt einfach!
Mann:	Ok. I schreib amal an d'Tante Erna. De wird schaun, wenns a SMS vo mir kriagt!
Frau:	Moanst wirklich? D'Tante Erna is doch allaweil so ängstlich, de duatse immer glei owe. Ned dass moant, passiert is wos!
Mann:	Dann schreib ihr einfach, dass nix passiert is, dann is beruhigt!
Frau:	Guat, des is in Ordnung!
Mann:	*Schreibt in das Adressfeld „Tante Erna", es leuchtet auf dem Display der Text „Ungültige Adresse! Ändern Sie den Empfänger!" auf.* Ja, wos soll jetza des?
Frau:	Ändern Sie den Empfänger! Hm …, wieso will des Handy da Tante Erna koa SMS schreim?
Mann:	Des is mir a Rätsel. Des konn doch dem Handy wurscht sei, wem i schreib! Des Handy konn mi doch ned so eiskalt umanandakommandiern!
Frau:	*Nach kurzem Überlegen:* Des Handy konn do nix dafür, weil des a Schmarrn is, wos du do gmacht host!
Mann:	Wieso Schmarrn?
Frau:	Des Handy kennt doch d'Tante Erna ned! Wenn du schreibst „an Tante Erna", woher soll denn des Handy wissen, wer d'Tante Erna is? Drum hods gsagt „ungültige Adresse", weils ned woaß, wer des is! Du konnst doch ned einfach irgend an Nam eigebn! Wenn, dann a Telefonnummer!

Mann:	Owa unser Bua, der wenn a SMS schreibt, der gibt zum Beispiel „Funzl" ei und des Handy schickt dann a SMS an Funzl!
Frau:	Wer is denn Funzl?
Mann:	Des is da Spitznam vo dem, der in da Schul neba eam sitzt. Zu dem sogns Funzl! Und des Handy kennt den Funzl, i schwörs! I hob des selber gseng!
Frau:	Dann hod unser Bua vielleicht in sei Handy eigebn, dass a gwisse Telefonnummer dem Funzl ghört und wenn er Funzl eigibt, dann schickt des Handy de SMS automatisch an de Nummer vo dem Funzl! Und wennst de Nummer glei eigibst, dann brauchst koan Nam eigebn!
Mann:	Moanst?
Frau:	Anders is doch des ned möglich! Probiers amal, ob des bei deim Handy hihaut!
Mann:	Owa i hob doch dem Funzl sei Nummer ned.
Frau:	Doch ned mit Funzl, mit da Tante Erna! Gib amal da Tante Erna ihra Nummer ei!
Mann:	Woaßt du de auswendig?
Frau:	*Diktiert ihm die Nummer, er gibt sie in das Handy ein.* Hostas?
Mann:	Jawoll! *Wiederholt die Nummer.* Stimmts?
Frau:	Stimmt! Und jetza?
Mann:	Jetza steht do: Nachricht hier eingeben!
Frau:	Dann gibs ei!
Mann:	Wos schreima ihr?
Frau:	Dass nix passiert is weil sie is doch allaweil so ängstlich!
Mann:	Genau! Du diktierst, i schreib! Also, fang o!
Frau:	Liebe Tante Erna …
Mann:	Moment, ned so schnell! *Angestrengt, langsam und konzentriert:* Liebe … zenalln!
Frau:	Wos is denn?

Mann:	Des i is dermaßen weit obn, etza hob i aus Versehen aaf „senden" druckt! Etza kriagt d'Tante Erna a SMS, wo bloß „L" drinsteht, sunst nix!
Frau:	Um Gottes Willen! Do wirds bestimmt dodal nervös! Stell dir vor, du kriagst a SMS, wo bloß „L" drinsteht! Do machst dir aa deine Gedanken!
Mann:	Und etza?
Frau:	Etza muaßt glei noml oane schreim! Dass d'Tante Erna glei woaß, dass nix passiert is! Schreib!
Mann:	Schreib! Du redst di leicht! So einfach is des aa ned! Moment, i muaß zerst wieder aaf „Nachrichten" geh und dann ihra Telefonnummer eigebn! I schreib dann, dass sie des „L" ned ernst nehma braucht und dass nix passiert is!
Frau:	Und dann fragstas no, wias ihr geht! Und ob da Onkel Ludwig scho ausm Krankenhaus heraust is!
Mann:	Soviel Text? Do brauch i ja a Stund!
Frau:	A Stund derfst ned braucha! Dann machtse ja d'Tante Erna a Stund lang Gedanken, wos des „L" bedeit! Du muaßt des schneller schaffa!
Mann:	Du redst di wirklich leicht, de Tasten mit de Buchstaben san so wahnsinnig kloa!

Der Sohn betritt den Raum.

Sohn:	Wos machts denn ihr do?
Frau:	Da Tante Erna hamma a SMS gschriem!
Sohn:	A SMS? Da Tante Erna? Seit wann hod denn d'Tante Erna a Handy?
Mann:	De hod doch koa Handy!
Sohn:	Dann konnst ihr aa koa SMS schreim!
Frau:	Owa mir hamm doch ihra Telefonnummer eigebn!
Sohn:	Wos für a Telefonnummer?
Mann:	9192!
Frau:	9291!
Sohn:	Des is doch ihra Festnetznummer! An de konnst ihr koa SMS schreim!

Mann:	Ned?
Sohn:	Unmöglich!
Frau:	Na Gottseidank! Dann war des „L" gar ned so schlimm!
Sohn:	Des „L"? Wos für a „L"?
Mann:	Des is jetza ned so wichtig! Owa etza is mir des scho klar, warum des Handy vorher gsagt hod „ungültige Adresse"! Des hod genau gwisst, dass d'Tante Erna koa Handy hod! Des is scho a Wahnsinn, wia weit de Technik heit is!
Sohn:	Wos?
Mann:	Des verstehst du no ned, do bist du no z'jung!

Wenn man fremd in einer großen Stadt ist und sich spontan für einen Frisörbesuch entscheidet, weil man auch einmal einen zeitgemäßen Haarschnitt aus der Metropole mit nach Hause bringen möchte, ist dies nichts Ungewöhnliches und auch nicht zu beanstanden. Man sollte sich dabei allerdings ganz sicher sein, dass es sich bei dem Laden, den man betritt, tatsächlich um ein Frisörgeschäft handelt. Denn andernfalls kann es einem gehen wie unserem Freund in der folgenden Begebenheit. Dieser hatte das Glück, einen dreitägigen Aufenthalt in Berlin nebst Übernachtung in einem 3-Sterne-Hotel bei der Tombola der heimatlichen Feuerwehr zu gewinnen. Sein Blick in den Hotelspiegel verriet ihm, dass es dringend an der Zeit wäre, den Kopfbewuchs zu kürzen und ihm wieder eine ansehnliche Form zu verleihen. Er betrat in der festen Annahme, sich in einen Frisörsalon zu begeben und bald sein überschüssiges Haupthaar loszuwerden, ein Tattoo-Studio, dessen Eingangstüre unmittelbar neben der des nachbarlichen Frisörladens lag. Überrascht angesichts des zwar freundlichen, aber martialisch aussehenden jungen Herrn, der ihn mit nacktem Oberkörper, schwarzer Glanzlackhose und tätowierter Glatze am Empfangstresen begrüsste, fragte er, ob kurzfristig noch einer frei wäre, ein

Termin beim Frisör

Mann:	Ja griass God! I hätt amal Frage: Waar heit no kurzfristig a Termin möglich bei eich? Woaßt, i hob mi grad spontan entschlossen! I schau im Hotel in den Spiagl und denk mir: Jetza wirds Zeit!
Oleg:	*Mit weicher, warmer Stimme:* Hallo du! Ich bin der Oleg. Wenn du einen Moment warten möchtest, dann kümmere ich mich gerne um dich! Ich habe grad einen Kunden, dann sitzt noch einer in der Chill-Corner …
Mann:	Wo sitzta?
Oleg:	In unserem kleinen Warteraum, da kann man sich mental noch etwas vorbereiten. Für viele ist ja diese Entscheidung nicht einfach – soll ich oder soll ich nicht!

Mann:	Echt? Naa, mir macht des gar nix aus! I bin do spontan! Wenn i mir denk „heit is soweit", dann is soweit!
Oleg:	Dann bist du mehr der spontane Typ?
Mann:	Owa voll, scho meiner Lebtag! I dua ned lang rum!
Oleg:	Hach, ich mag Spontis! Und du warst schon mal bei uns?
Mann:	Bei eich no ned, owa bei uns dahoam in Rumplhausen scho öfters!
Oleg:	*Verwundert:* Schon öfters? *Mustert ihn intensiv.* Man sieht gar nichts.
Mann:	Weil i scho lang nimmer war! Owa wia gsagt, heit hob i mi im Hotel im Spiagl ogschaut und hobma denkt: „A weng a Runderneuerung oben ume kannt ned schaden!" Weil woasst … i derf doch aa du sogn, oder?
Oleg:	*Mit einer zärtlichen Winkbewegung der rechten Hand:* Aber klar doch! Ich sagte doch schon: Ich bin der Oleg!
Mann:	Oläck!
Oleg:	Genau! Und du?
Mann:	Flunsdeitl Alfons! Konnst Fonse sogn zu mir!
Oleg:	*Begeistert, mild:* Ach der Fonsi! Was für ein schöner Name! Na, dann wollen wir den Fonsi mal verschönern heute! *Lacht gekünstelt:* Muahaha!
Mann:	Genau, des machma! *Lacht.* Machman scheener, den Fonsi! Des hod no nie ned gschad'!
Oleg:	Dann wenn du bitte kurz hier links durch den Vorhang in die Chill-Corner gehen möchtest, Fonsi …
Mann:	Wia lang schatzt denn, dass dauern wird, bis i drokimm?
Oleg:	Naja, ich denke, so ein halbes Stündchen. Ich muß nur den Kunden, den ich grad behandelt habe, noch saubermachen und der, der in der Chill-Corner wartet, braucht nicht lange. Der möchte nur was ganz Kleines machen lassen, am Kopf!

Mann:	Des is scho klar, am Kopf! Wo denn sunst! *Lacht.* Am Orsch ned!
Oleg:	Na, ich könnte auch gerne am ganzen Körper tätig werden!
Mann:	Um Gottes Willen! Naanaa, bloß am Kopf! Woanders mach i normal nix, und wenn, dann selber!
Oleg:	Kompliment! Und das kannst du?
Mann:	Ja scho. Und so perfekt braucht des ned sei, des segt ja koaner!
Oleg:	Da hast du recht, du Schelm du! Wenn du meinst, dann machs dir selber! Muahaha! Dann bitte schön, warte hier … *öffnet ihm den schwarzen Vorhang zur Chill-Corner* … du kannst ja einstweilen überlegen, wie es aussehen soll!
Mann:	Mei, wiamas halt heitzudogs aso hat! Ned zu narrisch, owa aa ned langweilig! D'Leit solln scho seng, dass des in da Großstadt gmacht wordn is! A weng an Ding solls scho hom, an Bep oder wiama do sagt!
Oleg:	Pep meinst du! Das versprech ich dir, Fonsi, was ich mache, hat immer Pep! Muahaha!
Mann:	*Grinsend:* Du wirst mir nacha scho oana sei, Oleg!
Oleg:	*Geschmeichelt und mit zärtlichem Winken der rechten Hand:* Muahaha! Du wieder! Dann geh mal in die Corner und überlegt dir was Peppiges! Ich muss mich um meinen anderen Kunden kümmern! Tschüssi! *Geht tänzelnd in den Behandlungsraum.*

Fonsi betritt die Chilling-Corner. In dieser sitzt, wie von Oleg bereits erwähnt, ein weiterer Kunde, der darauf wartet, ein Tattoo gestochen zu bekommen. Der Unterschied zu Alfons Flunsdeitl besteht unter anderem darin, dass er weiß, dass er sich in einem Tattoo-Studio befindet. Alfons dagegen ist immer noch der festen Meinung, er befände sich in einem Frisörsalon – zwar einem etwas seltsamen, aber er denkt, in der Großstadt sei es halt ein wenig fortschrittlicher als bei ihm daheim in Rumplhausen.

Mann:	Griaß God!

Flip:	Hallo!
Mann:	Na sitzame a weng her zu dir! Flunsdeitl, Alfons, owa eigentlich hoaß i Fonsi! Aso sogns in Rumplhausen alle zu mir!
Flip:	Castor Waas-Dinkel! Aber eigentlich heiße ich Flip. So sagen sie hier in der Szene alle zu mir!
Mann:	Da Flip! Hawedere Flip! In der Szene? Wo is nacha des?
Flip:	Det kann überall sein, in der janzen Stadt! Weil weeste, ick bin ein Szenegänger!
Mann:	A Szenegänger bist? Is des ebbs wia a Postbot?
Flip:	Neenee Mann! Juter Joke übrigens! Szenegänger, det sind die Leute, die immer da sind, wo was abgeht, wo Action ist, wo der Bär tanzt!
Mann:	Im Zirkus?
Flip:	*Schüttelt amüsiert den tätowierten, nahezu haarlosen Kopf:* Du bist gut drauf, Mann! Sonderst echt starke Texte ab! Zirkus! *Mit einer nicht nachvollziehbaren, aber offensichtlich anerkennenden Handbewegung:* Tschonk Badunz!
Mann:	*Lacht etwas hilflos.* Naa, Flip, ohne Schmarrn jetza: Wo is nacha des, wo du umgehst?
Flip:	Verschiedene Locations: Clubs, Cafes, Partykeller, Streets, Places ... egal, überall, wo easy living angesagt ist!
Mann:	Aha! Noja, wers mog! *Mit Blick auf Flips extrem spärlichen Haarwuchs:* Noja, a Riesengschäft machens mit dir ned do, ha? Bei dem Kopf is nimmer viel zum holn! Nix für unguat, owa do is ziemlich finito!
Flip:	*In der Meinung, auf das über und über tätowierte Haupt angesprochen worden zu sein:* Da hast du wohl recht, Mann! Aber man hat ja noch andere Körperteile! Zum Beispiel ...
Mann:	Hör aaf, i wills gar ned wissen! Naa, mir wennst ned gangst! Bei mir kimmt nur da Kopf in Frage, sunst

	nix! Und der Oleg macht des echt am ganzen Körper?
Flip:	Klar! Wo du Bedarf hast!
Mann:	Und graust dem do ned?
Flip:	Nee, der Oleg ist ein Vollprofi! Was der macht, det sieht super aus! Willste ma kucken? Ick hab mir da wat janz Tolles im Schambereich machen lassen!
Mann:	Naa, merci, do will i ned kucken!
Flip:	Naja, is nicht jedermanns Sache! Aber noch mal: Wat der Oleg macht, det is eenfach Spitze! Da kannste dich überall sehen lassen mit!
Mann:	Echt? Des gfreit mi! Do werns schaun in Rumplhausen!
Flip:	Worauf du einen lassen kannst!
Mann:	Ey, owa amal ohne Flax: A weng seltsam is der Laden scho – und aa der Oleg! Rennt halbert nackert umanand!
Flip:	Das is sein Style, Mann!
Mann:	Brauchst fei ned allaweil Mann zu mir sogn, Fonsi hoaße! I hobdas ja scho gsagt grad! Ja guat, des mog scho sei, dass des sei Style is! Owa es konn ja amal a ältere Frau einakemma, de trifft da Schlag! De wenn den segt, de fallt in d'Frois!
Flip:	Wo fällt die hin?
Mann:	Des sagtma bei uns so, in d'Frois! Des bedeit praktisch, dasses umblescht, Ohnmacht quasi!
Flip:	Ah ja! Nee, ältere Frauen kommen so gut wie nie hier herein! Außer Döner-Erna! Die kennt hier jeder! Die is voll fett und lässt nur den Oleg an sich ran! Und die mag den Oleg so, wie er is: Unten Lack, oben nix! Die fährt da voll drauf ab, die Erna, das alte Schlachtross!
Mann:	Ja mi läckst, wos alls gibt! Und der Oleg bedient allaweil bloß oan Kunden? Hod der koane Angestellten?
Flip:	Nee, Oleg ist ein Einzelkämpfer! Is übrig geblieben von der russischen Armee und hat dann den Laden

	hier aufgemacht. War MG-Schütze und hat ne ruhige Hand! Die brauchst du für den Job hier!
Mann:	Des konnst laut sogn! Bist schaust, konn a Ohrwaschl weg sei, wennst recht zitterst!
Flip:	Wie jetzt? Ick hab dir nicht verstanden.
Mann:	Bis dass du guckst, kann ein Ohr weg sein!
Flip:	Naja, so schlimm isses nicht, aber Verletzungen sind nicht ausgeschlossen!
Mann:	Des is klar, wenn oaner koa ruhige Hand hod! Und wos kost des do beim Oleg?
Flip:	Det is verschieden. Ick sag mal, zwischen 30 und 500 Euro, je nach Größe!
Mann:	Wos? Geht des nach da Größe? I bin an Meter 77, wos daad des dann kostn?
Flip:	Bist'n Witzbold, wa? Nee, mal im Ernst: Was wirfst du so ein?
Mann:	I? I wirf nix ei! Als Bua hob i amal im Kolpinghaus a Fenster eigworfa mit am Stoa, dann hod mir mei Voda oane gschmiert, dasse drei Dog nimmer gwisst hob, ob i a Mandl oder a Weibl bin. Seitdem hob i nix mehr eigworfa!
Flip:	Stark! Bist echt'n cooler Typ, Fonsi! Immer 'nen Joke im Sakko, det mag ick! Nee, ick mein, was du so einwirfst gegen die Schmerzen!
Mann:	Schmerzen? Wos für Schmerzen? Mir duat nix weh!
Flip:	Schon klar, jetzt noch nicht! Aber dann, bevor der Oleg loslegt, dann wirfst du doch sicher was ein, oder?
Mann:	Spinnst du? Entschuldigung, owa ihr junga Leit, ihr halts ja überhaupt nix mehr aus! Des duat doch ned weh! Du redst ja daher, als waarma beim Zahnarzt! Schmerzen! *Schüttelt den Kopf.* Sowos Wehleidigs!
Flip:	Bist ein harter Knochen, wa?
Mann:	Naa, i bin doch koa harter Knochen! Des is ganz normal. Bei uns in Rumplhausen, do hod no nie oaner

	wos eigworfa! Mir haltma des alle leicht aus, des is doch lächerlich!
Flip:	Nur die Harten kommen in den Garten, was?
Mann:	Mog sei!

Man hört plötzlich einen kurzen, aber spitzen Schrei „aahh" aus dem Behandlungsraum, dann ein verzweifeltes „Oh Gott, ich halts nicht mehr aus!"

Mann:	*Erschrocken:* Wos war jetza des?
Flip:	Da is einer wohl nicht so hart wie ihr in Rumplhausen!
Mann:	Also gschrian hod bei uns no koaner!
Flip:	Det kommt hier öfter vor! Ick hab mal erlebt, dass der Notarzt kommen musste, weil eine junge Dame in Ohnmacht jefallen ist vor lauter Schmerz!
Mann:	*Immer ungläubiger und nervöser:* Echt? Des gibts doch ned! Do falltma doch normal ned in Ohnmacht! Wollt de ganz wos Bsonders oder wos?
Flip:	Verschiedene Farben! Ick glaube rot, grün, blau und gelb! Det dauert natürlich dann lange, weil der Oleg muss mehrmals dat Jerät wechseln und zwee Stunden Dauerschmerz, da kannste schon mal wegkippen!
Mann:	Um Gottes Willen! Rot, blau, grün und gelb? Des is ja a Wahnsinn! Wia schaut denn des aus! Also bei uns gibts halt schwarz, rot, braun, normale Farben halt. Owa grün, blau und gelb? Sei mir ned bös, owa ihr in da Großstadt habts fei scho a weng an Batscher!
Flip:	Ick find schwarz auch am coolsten, aber manche wollen es halt voll bunt. Kannste nix machen!
Mann:	Naa, do kannst nix macha! De Blädn sterm ned aus! Mir in Rumplhausen song allaweil: „Jeden Dog kimmt mindestens ein Depp aaf d'Welt!" Owa trotzdem: Des duat doch ned so weh, wos der Oleg macht!

Flip:	Oh doch! Ick kann das aus Erfahrung sagen! Und wenn er dann zwischendurch das Blut abtupft, der Oleg, das brennt voll!
Mann:	*Entsetzt:* 's Bluat? Ja konn des sei, dass des bluat? Des bluat doch normal ned!
Flip:	Hast du 'ne Ahnung! Das blutet immer, manchmal wie Sau! Du, beim ersten Mal hatte ick noch keene Ahnung, wie das so läuft und bin mit einem weißen T-Shirt angekommen. Ey, das war nachher voll rot. Ey, die Leute haben geglaubt, ick bin gegen 'nen Bus jeloofen! Jetzt lass ick den Oleg nur mehr an mich ran, wenn ick dunkle Sachen anhabe. Da sieht man det Blut nicht so! *Deutet auf sein schwarzes Shirt.* Siehste! Dem können ein paar Blutstropen nix anhaben!
Mann:	Ja Wahnsinn! I versteh des ned, dass du des so locker segst! Des hörtse ja o, wia wenn der Oleg a Metzger waar! Erschrecken do d'Leit ned dodal, wenns aafamal bluat?
Flip:	Nee, weil der Oleg, der führt ja vorher immer ein kurzes Gespräch und klärt die Leute auf, besonders die, die das erste Mal hier sind! Der sagt denen schon, dass es blutet und auch wegen der Schmerzen und der Entzündungen, die eventuell nachkommen können!
Mann:	Entzündungen?
Flip:	Klar! Det kann schon mal vorkommen, dass sich die janze Sache entzündet! Ick hatte mal zwei Wochen voll die Blasen auf'm Kopp! Det hat gebrannt, ick kann dir sagen! Aber da kann der Oleg nix für, der arbeitet sauber. Normal sind die Nadeln voll keimfrei!
Mann:	Nadeln? Arwat der mit Nadeln? Ned mit Schere?
Flip:	Nee, mit Nadeln! Mit Schere, det wär ja Wahnsinn! Mit Schere, da würden ja die Löcher in der Haut viel zu groß!

Mann:	*Steht auf.* Löcher? Macht der Löcher in d'Haut?
Flip:	Ja logo!
Mann:	Woaßt wos? I geh liawa wieder! Des wird mir langsam unheimlich, wias do zuageht bei eich beim Boda?
Flip:	Bei wem? Oleg heißt er, nicht Bodo!
Mann:	Naa, lass guat sei! Lass du dir Löcher macha, wennst moanst! I geh doch liawa wieder in Rumplhausen! Do bine zwar dann ned am neiesten Stand, owa wenigstens unverletzt!

Ein Ort muss einfach eine Vergangenheit haben! Und zwar eine, die man fremden Menschen zeigen kann. Egal, ob es nun eine glorreiche oder eine beschämende, eine voller Glücksmomente oder voller Katastrophen, eine kulturelle oder eine kriegerische, eine echte oder eine erfundene ist: Hauptsache, man hat überhaupt eine! Und die wird dann stolz vorgeführt und interessiert konsumiert, und zwar

Im Heimatmuseum

Führer: Grüß Gott, meine sehr verehrten Damen und Herren!

Teilnehmer 1: Äh …, Entschuldigung, aber wir haben auch Kinder in der Gruppe!

Führer: Sehr gut! Dann natürlich auch liebe Kinder! Ich begrüße Sie alle recht herzlich hier bei uns im Heimatmuseum des Marktes Tünzling. Der Markt Tünzling hat eine wechselvolle Geschichte, in die ich Sie jetzt bitte, mit mir einzutauchen! Die wichtigsten Eckdaten sage ich Ihnen vorweg: Die Toiletten befinden sich im ersten Stock links und am Ausgang können Sie kleine Imbissspeisen aus der Region wie Chicken Wings oder Wraps zu günstigen Preisen erwerben! Und für die Kinder gibt es auch ein Eis!

Kind: Mama, ich mag ein Eis!

Mutter: Ruhig, Ariane!

Führer: Nach der Führung kriegst dann von der Mama ein Eis, Liane!

Mutter: Ariane heißt sie, Ariane!

Führer: Achso! Entschuldigung! Ariane, tu dich nicht hinab, danach kriegst du ein Eis! Schaust dir zerst das Museum an, das ist fei mords interessant, und dann kriegst ein Eis!

Kind: *Trotzig:* Mag aber jetzt eins haben!

Mutter: Du hast doch den Mann gehört, Ariane! Später dann! Zuerst die Führung, dann das Eis! Jetzt sei nicht immer so quengelig!

Kind:	*Immer bockiger, zornesrot:* Mag aber jetzt!
Führer:	*Leise murmelnd:* Saufratz, verzogner! A drumm Schelln konnst glei hom, wennst dei Bappn ned haltst! I schmier dir oane, dassd koa Eis nimmer brauchst!
Mutter:	Was sagten Sie?
Führer:	Nix, nix! I hob bloß gemeint, da wird sie dann eine Freid haben mit dem Eis, die Ariane! Weil sie doch eine solche Sehnsucht danach hat! *Gütig lächelnd und das Kind an der Backe tätschelnd:* Jaja, die Ariane! So, ich täte sagen: Fangen wir jetzt mit der Führung an, weil dann sind wir eher wieder fertig!
Teilnehmer 2:	Ich hätte da gleich mal 'ne Frage!
Führer:	Ja, bittschön!
Teilnehmer 2:	Gibt es in der Cafeteria auch Kuchen für Diabetiker?
Führer:	Auf jeden Fall! Sie haben eine reiche Auswahl an Kuchen! Manchmal hamm wir sogar bis zu drei Sorten da! Weil wissens, wir hamm öfters ältere Besucher, und da hat leicht einmal jemand Zucker! Also da sind wir vorbereitet! Wir haben auch eine Krankenliege, falls es ebbern umhauen täte, was wir nicht hoffen!
Teilnehmer 2:	*Beruhigt:* Sehr schön!
Führer:	Gell! So, also, fangen wir an! Und gell, wenn Sie Fragen haben: Immer gleich melden! Ich beiße nicht! Fragen Sie einfach frank und frei! So, wir beginnen mit einem bekannten Kraftwerk, das Sie hier sehen! *Zeigt auf ein Bild mit einem balzenden Auerhahn und grinst dabei erwartungsfroh.*
Teilnehmer 1:	Wie bitte? Das ist doch kein Kraftwerk! Das ist ein balzender Auerhahn!
Führer:	*Immer mehr grinsend, kann sich das Lachen kaum noch verkneifen:* Und trotzdem behaupte ich, dass das ein Kraftwerk ist!

Ungläubiges Staunen und Kopfschütteln in der gesamten Besuchergruppe.

Führer:	Soll ich es Eahna erklären?

Teilnehmer 2:	Ja bitte!
Führer:	Das Bild, das ist ein Werk unseres bekannten Heimat- und Landschaftsmalers Sigurd Kraft, 1832 bis 1917! Also ein Kraft-Werk praktisch! Verstehens des, des is ein Wortspiel, des bietet sich quasi direkt an! *Grinst weiter, da ihm der Eröffnungsgag der Führung zum x-ten Mal geglückt ist.*

Ein allgemeines „Aahh" und „Achsooo" ist Beweis dafür, dass das geniale Wortspiel seine Wirkung nicht verfehlt hat.

Teilnehmer 1:	Da haben Sie uns ganz schön veräppelt, guter Mann!
Führer:	*Stolz:* Das ist allerweil mein Witz zum Einstieg – kommt allerweil sehr gut an bei den Leuten! Wissens, i mags ein wenig locker, nicht so steif! Ein Humor hat noch nie geschadet! Mit Humor geht alles leichter! Außer der Bandscheibenvorfall von meinem Schwager Bernd, der wird mit Humor schwieriger. Weil der Bernd wenn lacht, der schreit vor Schmerzen! Jeder Witz, der ihm erzählt wird, is für den armen Deifl eine Tortur! Aber dieses bloß nebenbei! Es hat mit der wechselvollen Geschichte von Tünzling nichts zu tun. Aber ein Bandscheibenvorfall ist nicht angenehm!
Teilnehmer 1:	Ach was!
Führer:	Das sind Tatsachen! Aber nun zurück zur Führung: Sie sehen das Gemälde „Auerhahn im Liebestaumel" aus dem Jahr 1902. Beachten Sie bitte die Paarungsgier im Blick des Tieres! In der heutigen Zeit würde man sagen, der Hahn ist spitz wie Nachbars Lumpi, um es mal salopp auszudrücken!
Teilnehmer 3:	Dann war der Herr Kraft eher ein Realist denn ein Surrealist!
Führer:	Weder noch, des war ein Metzger! Erst nachdem dass er die Metzgerei an seinen Sohn Wilhelm Kraft, dem späteren Erfinder der auch überregional bekannten „Willis Wiener Wurst", übergeben hatte, im Jah-

re 1897, hat er begonnen, zu malen. Erst Stillleben wie seine Socken, Anhäufungen von Obst oder die Unterwäsche seiner Schwiegertochter, später dann Landschafts- und vor allem Tierbilder!

Teilnehmer 2: Nicht schlecht, dieser Auerhahn!

Führer: Kraft hat Tiere geliebt! Und seinerzeit hat es bei uns noch zahlreiche Auerhähne gegeben, Auerhennen natürlich auch, weil ohne geht es nicht! Ach ja, die Weiber und die Hennen, ein eigenes Kapitel! *Lacht.* Wir werden im weiteren Verlauf der Führung noch zwei Werke von Sigurd Kraft sehen und zwar „Der müde Rammler", ein beeindruckendes Porträt eines erschöpften Feldhasen, und im ersten Stock ein sehr farbenfrohes Spätwerk, nämlich „Eisvogel im violetten Teich"!

Kind: Ich mag ein Eis!

Mutter: Später, Ariane!

Führer: Ein aufgewecktes Kind, mein Lieber! Hört das Wort „Eisvogel" und denkt sofort an ein Eis! Sehr wiff!

Mutter: Wie bitte?

Führer: Ein gewieftes Kind!

Mutter: Jaj, das ist sie wohl, unsere Ariane, da haben Sie recht!

Führer: Gibt es noch Fragen zum Auerhahn oder zu Kraft? Weil wenn nicht, dann gehen wir weiter zu den historischen Funden.

Teilnehmer 2: Hat dieser Maler Kraft auch überregionale Bekanntheit erlangt? Denn ich habe bis dato ehrlich gesagt nichts von ihm gehört! Hat er zum Beispiel auch bedeutende Kulturpreise erhalten?

Führer: Ja natürlich! Im Jahre 1917 den „Schlurbacher Pinsel"! Das war damals eine mords eine Auszeichnung! Allerdings und leider ist er drei Monate nach der Verleihung verstorben – die Leber! Direkt tragisch! Man muss sagen, er war dem Alkohol sehr zugetan, wie viele Künstler, was ihn im zarten Alter von nur 85 Jahren hinwegraffte!

Teilnehmer 3: *Nachdenklich:* Schlimm!

Führer: Schon, aber sterben müssen wir alle! Auf jeden Fall sehen Sie jetzt rechts die historischen Funde von Tünzling. Bitte nichts berühren!

In einer Glasvitrine erblickt man verschiedene Holz- und Knochensplitter sowie einige undefinierbare Scherben aus Ton und Glas. Das Zentrum der Exponate bildet ein verrostetes, rundes Metallstück mit einem ebenso runden Loch in der Mitte, das auf einem blauen Samtkissen liegt, offensichtlich um seine historische Bedeutung noch mehr zu betonen.

Führer: Diese Relikte aus grauer Vorzeit wurden alle im Umkreis von Tünzling gefunden! Teils von Hobbyarchäologen, teils von einfachen Bauern bei der Feldarbeit.

Teilnehmer 1: Beeindruckend! Sehr beeindruckend! Und was ist das genau?

Führer: Die Herkunft der Holzsplitter ruht im Dunkel der Geschichte, aber: Sie könnten durchaus Überreste des Galgens sein, der im Mittelalter auf der sogenannten „Baumlhöhe" stand. „Baumlhöhe" deshalb, weil hier die Gehenkten am Galgen baumelten!

Ein historischer Schauer erfasst die Besuchergruppe angesichts der Möglichkeit, dass die Holzsplitter, die sie mit eigenen Augen sehen können, Teile eines barbarischen Strafvollzugs im dunklen und blutigen Mittelalter waren.

Teilnehmer 2: Und wieviele Leute wurden da gehängt?

Führer: Die exakte Zahl ist nicht überliefert, da die Gerichtsakten beim großen Brand, der durch einen betrunkenen Müllerburschen verursacht wurde, vernichtet wurden. Man kann aber durchaus von etlichen ausgehen, um nicht zu sagen, mehrere! Und das Schlimme war, dass die Delinquenten oft herumhingen, bis ihnen die Vögel die Augen herauspickten, meistens Raben.

Mutter: *Schockiert:* Um Gottes Willen, wie eklig!

Kind: Was ist denn, Mami?

Mutter: Ach nichts, Ariane!

Kind: Sind das Saurierknochen, Mami?

Mami blickt hilfesuchend zum Führer.

Führer: Nein, Ariane, Saurierknochen sind des nicht! Des sind Menschenknochen!

Mutter: Oh Gott!

Kind: Ui! Cool!

Führer: Keine Panik, gnädige Frau, keine Panik! Der Tod hat schon immer zum Leben gehört, auch in Tünzling! Diese Knochensplitter wurden in der Nähe des heutigen Schlachthofes gefunden, wo sich in prähistorischen Zeiten ein Friedhof befand! Also so von 1820 bis 1910! Der Tod hat an diesem Platz quasi schon immer seine Sense geschwungen: Früher für die Menschen, heute für die Schweine, um es mal salopp zu sagen! Schlachthof, Sie verstehen! *Lacht über seinen eigenen Gag.*

Die Besuchergruppe steht schweigend und voller Ehrfurcht vor den morbiden Hinterlassenschaften der Vergangenheit. Das andächtige Schweigen und kurze Gedenken an die Verblichenen, deren Knochensplitter nun in der Vitrine liegen, wird durch eine profane Frage unterbrochen.

Frau: Wo sagten Sie, ist das Klo?

Führer: Erster Stock links!

Frau: Danke! Entschuldigen Sie, aber die zwei Kaffee nach dem Mittagessen!

Führer: Jaja, is scho recht! Kein Problem, Frau! Alles raus aus dem Körper, wos keine Miete zahlt! Hahaha!

Frau eilt mit rotem Kopf in Richtung Toilette.

| Teilnehmer 2: | Und was ist das da in der Mitte der Vitrine? Ist das eine Münze? Sieht fast so aus. |
| Führer: | *Geheimnisvoll, pathetisch:* Darauf sind wir besonders stolz! Es ist zwar nicht mehr genau erkennbar, aber man vermutet, dass es sich hier um eine römische Münze handelt! Ein sogenannter „Barbaren-Dollar", datiert um 200 nach Christi Geburt! Die Vermutung beruht auf dem mittig eingestanzten Loch! Mittels dieses Loches konnte man die Münzen an einem Lederhalsband tragen. Schauens Ihnen des Loch ruhig genauer an, treten Sie näher! *Deutet auf das verrostete Objekt in der Mitte der Vitrine.* |

Wieder herrscht andächtiges Schweigen, bis einer der Besucher die Stille mit einer äußerst banalen, fast unverschämten Bemerkung durchbricht.

Teilnehmer 3:	Es könnte aber auch eine alte, verrostete Beilagscheibe von einem Traktor oder sowas Ähnliches sein! Ich meine nur!
Führer:	*Lacht spöttisch.* Also nichts für ungut, lieber Herr, aber das ist schon sehr an den Haaren herbeigezogen! Eine Beilagscheibe! Wo soll denn mitten auf einem Feld eine Beilagscheibe herkommen? Nein, das ist ziemlich eindeutig eine römische Münze! Wir haben Fachleute befragt und diese haben sogar schriftlich bestätigt, dass diese Möglichkeit durchaus besteht! Und dies wiederum ist der klare Beweis dafür, dass der Raum um Tünzling bereits zu Zeiten der Römer bewohnt war oder zumindest als Handelsweg genutzt wurde! Ein weiteres Indiz ist, dass sich unter der Tünzlinger Bevölkerung noch heute überproportional viele dunkelhaarige Menschen befinden, was auf einen südlichen, also römischen Einfluss hindeutet!
Teilnehmer 1:	Das erscheint vollkommen logisch!

Führer:	Eben! So, liebe Gäste, das waren die Funde! Und nun zur politischen Historie der Marktgemeinde Tünzling: Die erste urkundliche Erwähnung findet die Ortschaft in einer Schenkungsurkunde des Herzogs Walthar von Operpaiern aus dem Jahre 1212. Darin verleiht er dem Grafen Hrdomir von Pruntsau die Siedlungen Vronzwies, Dreglo, Hintern und Tunzeln, das spätere Tünzling. Diese Schenkungsurkunde ist heute noch erhalten, wenn auch unleserlich. Sie befindet sich im abgedunkelten Gemeindearchiv, da direkte Sonneneinstrahlung zur kompletten Vernichtung führen könnte.
Teilnehmer 2:	Das ist klar! Sowas muss erhalten werden!
Führer:	Das freut mich, wenn die Besucher einen historischen Sachverstand haben! Aber jetzt weiter in der Geschichte! Dadurch, dass Tünzling schon immer strategisch günstig an einem Flussübergang über den Fluss Tünz, früher Tunz, lag, entwickelte sich bald eine Einnahmequelle durch den Brückenzoll, den man von vorbeiziehenden Handelsleuten verlangte, andernfalls man sie vertrieb oder hängte.
Teilnehmer 3:	Schon brutal!
Führer:	Damals hieß es: „Er oder ich!" Die Zeiten waren nicht einfach! Aber kommen wir zu humaneren Aspekten des Flusses! Das fließende Wasser führte auch dazu, dass schon in der Gründungszeit des Ortes eine Mühle erbaut wurde, angetrieben von der ältesten alternativen Energie, der Wasserkraft.
Teilnehmer 3:	Wasser ist Leben!
Führer:	Genau! Über Jahrhunderte kamen die Bauern aus der Umgebung zur Mühle nach Tünzling, um ihr Getreide mahlen zu lassen. Die Mühle existiert zwar seit circa 80 Jahren nicht mehr, aber noch heute sagt man zum Anwesen, das heute die Burger-King-Filiale beherbergt, „beim Müllner"! Denn dieses war der Mühlenstandort!

Teilnehmer 2:	Hochinteressant! *Wehmütig:* Jaja! Der ehrbare Beruf des Müllers ist leider ausgestorben!
Führer:	Das stimmt! Aber der Name ist erhalten, massenhaft! Bei uns im Ort heißt nahezu jeder Depp Müller, heute noch! Also jetzt Depp im Sinne von viele, verstehens?
Teilnehmer 2:	Jaja, schon klar!
Führer:	Naja, die Zeit verging, Tünzling wuchs auf bald 1000 Einwohner, wurde allerdings durch die Pest jäh halbiert und erholte sich nur langsam von dieser unerwarteten Dezimierung. Doch nach dem Ende der Pest und des 30-jährigen Krieges führten die Tünzlinger, fernab von den Wirren der Geschichte, ein friedliches und harmonisches Dasein bis zum Beginn des 19. Jahrhunderts. Indem die Geburten die Sterbefälle übertrafen, wurden sie auch wieder mehr. Doch dann, am Anfang des 19. Jahrhunderts, war es mit der Ruhe und Beschaulichkeit vorbei: Die Geisel Europas suchte auch Tünzling heim!
Teilnehmer 4:	Dschingis Khan?
Führer:	Nein, Napoleon Bonaparte!

Ein Raunen geht durch die Schar der Besucher, viele erwarten nun die Schilderung eines Gemetzels, das der französische Feldherr und Kaiser in Tünzling verursacht hat.

Führer:	*Bedeutungsschwanger:* Den 4. Mai 1809 werden die Tünzlinger nie vergessen! Niemals!
Teilnehmer 1:	Wieso?
Führer:	Ich erzähle es Ihnen, wie es war – Sie werden staunen und erschüttert sein! Der 4. Mai 1809 war ein lauer Frühsommertag. Die Tünzlinger gingen ihrem Tagwerk nach, überwiegend in der Landwirtschaft, denn das Dienstleistungsgewerbe und auch die Industrie waren noch unbekannt. Dann senkte sich die Nacht über das beschauliche Dorf und die Bewohner gin-

	gen, rechtschaffen müde, zu Bett, meistens in Form eines Strohsackes. Aber dann, in der Nacht ...
Bub:	Zombies?
Mutter:	Ach Kajetan, du immer mit deinen Zombies!
Führer:	Nein, keine Zombies! Mitten in der Nacht schlichen sich Soldaten Napoleons, vermutlich sechs, die im benachbarten Hintern Quartier bezogen hatten, ins Dorf, sägten mit einer zuvor entwendeten Säge den Maibaum um und bemächtigten sich des Holzes! Doch damit nicht genug; Sie stahlen aus dem Pferch des Bauern Vinzenz Prantl ein Schwein und verschwanden im Dunkeln!
Teilnehmer 2:	Das ist Krieg! Da kann man nichts machen! Der Krieg hat seine eigenen Gesetze!
Führer:	Schon! Aber die Tünzlinger waren am nächsten Morgen trotzdem zutiefst erschüttert über das Verbrechen! Der Verlust der Sau war zunächst gar nicht bemerkt worden, da sich im Pferch des Prantl mehrere Borstentiere befunden hatten. Dass der Maibaum weg war, fiel sofort auf. Erst später registrierte man den feigen Diebstahl der Sau und sie war auch der einzige Tünzlinger Bürger, der bzw. die in den napoleonischen Kriegen gefallen ist, da man davon ausgehen kann, dass sie von den Soldaten ermordet und verzehrt wurde.
Teilnehmer 1:	Naja, dann ist ja Tünzling aus den napoleonischen Kriegen relativ unbeschadet herausgekommen! Ein Baum und ein Schwein, das ist zu verkraften!
Führer:	Des mag schon sein, aber der Schock saß tief nach dieser Schreckensnacht! Und noch heute nennt man bei uns einen Baumdiebstahl „französischer Holzkauf"!
Teilnehmer 3:	Sehr originell! Und wie nennt man bei Ihnen den Diebstahl eines Schweines?
Führer:	Diebstahl eines Schweines!
Teilnehmer 3:	Aha!

Führer:	Soviel zum 19. Jahrhundert! Das 20. Jahrhundert war auch in Tünzling geprägt vom 2. Weltkrieg. Erwähnenswert ist eine Episode aus dem Jahre 1928. Der spätere Reichskanzler Hitler war unterwegs nach Tünzling zu einer Wahlveranstaltung im Gasthof zum braunen Ochsen. Leider widerfuhr ihm im elf Kilometer entfernten Dreglo eine irreparable Reifenpanne, indem er eine zufällig daliegende Mistgabel überfuhr, deren Zinken sich in den rechten Vorderreifen bohrte. Dies führte dazu, dass Tünzling nie in den Genuss einer Wahlveranstaltung dieses landauf, landab beliebten Redners kam, wobei ich die charakterlichen Defizite, die er sonst hatte, nicht verschweigen will! Doch seine Wahlergebnisse waren trotz dieses Missgeschicks auch in Tünzling zufriedenstellend, nach 1933 annähernd bei 100 Prozent! Selbst bei der Bürgermeisterwahl im Jahre 1949 entfielen auf ihn, obwohl bereits verstorben, noch 12 Stimmen!
Teilnehmer 2:	Hochinteressant!
Führer:	Jaja, den Puls der Geschichte haben wir hier in Tünzling oft gespürt! Auch damals, als 1989 die Mauer fiel! In diesen Tagen fuhren mehrere Trabbis durch unseren Ort, deren Besitzer sich das Begrüßungsgeld holten! Der erste wurde vom zweiten Bürgermeister persönlich im Rathaus begrüßt, da den ersten Bürgermeister eine Blasen- und Nierenbeckenentzündung außer Gefecht gesetzt hatte!
Teilnehmer 2:	So eine hatte ich auch mal – sehr schmerzhaft!
Führer:	Dann wissen Sie, wovon ich spreche! So, liebe Gäste, das wäre es in Kürze gewesen! Sie haben jetzt die Gelegenheit, die zahlreichen und sehr interessanten Exponate in Ruhe zu betrachten und anschließend Souvenirs zu erwerben! Besonders beliebt ist die Sau in den französischen Nationalfarben, die an den Diebstahl im Jahre 1809 erinnert. Sie ist in Taiwan, aber trotzdem umweltfreundlich produziert und

kostet 10,50 Euro, mit Maibaum 20 Euro. Ich kann sie Ihnen nur empfehlen – Sie haben damit eine Erinnerung fürs Leben! Oder auch ein originelles Geschenk für die Kleinen!

Mutter: Magst du ein Schwein haben, Ariane?

Kind: Mag ein Eis!

Mutter: *Entschuldigend:* Sie mag lieber ein Eis!

Führer: Jedem das Seine! So, haben Sie noch Fragen?

Schweigen in der Besuchergruppe.

Führer: Gut, dann nur zur Information, weil es den Leuten oft peinlich ist, zu fragen: Mein Trinkgeld beträgt in der Regel zwei Euro, einer ist aber auch in Ordnung. Ich stehe dann am Ausgang, Sie können es mir direkt übergeben, Scheine kann ich wechseln! Auf Wiederschaun!

Applaus.

Der Deutsche neigt im Geschäftsleben dazu, einen Rabatt oder eine sonstige Vergünstigung zu erhaschen. Wie ich darauf komme? Weil ich in jahre-, ja jahrzehntelangen Beobachtungen diesen Eindruck gewonnen habe. Egal, ob beim Autokauf, im Textilgeschäft oder im Wirtshaus, man sucht verweifelt einen Grund, warum man Dinge oder Dienstleistungen günstiger erhalten sollte als die „normalen" Mitmenschen. Und man freut sich diebisch, wenn man glaubt, durch geschickte Verhandlungen tatsächlich besser weggekommen zu sein als der gewöhnliche und damit doofe Autokäufer oder Wirtshausgast. Dass man meist selber der Doofe ist, weil die Vertragspartner die von Nervensägen erbettelten Vergünstigungen ohnehin im Preis einkalkuliert haben, das weiß man nicht. Ich weiß es schon, aber sonst niemand! Um sich einen Vorteil zu erschleichen, nimmt man es manchmal auch mit der Wahrheit nicht ganz so genau.

Aber nun genug der Vorrede, kommen wir zum konkreten Fall: Eine gute Bekannte von mir sitzt beruflich an der Kasse eines Hallen- und Erlebnisbades mit Wellnessbereich. Sie hat mir dankenswerterweise erzählt, was sie schon alles erlebt hat, was ihr Menschen erzählt haben und noch erzählen, um den Eintrittspreis zu drücken. Selbstverständlich bleibt meine Bekannte dabei immer freundlich (ich habe nur freundliche Bekannte!), doch gehen ihr manchmal Gedanken durch den Kopf, die nicht ausnahmslos freundlich sind. Auch diese Gedanken will ich Ihnen, liebe Leserinnen und Leser, nicht vorenthalten. Sie erkennen sie dadurch, dass sie kursiv und in Anführungszeichen geschrieben sind.

So, dann schauen wir mal, ob der Wunsch vieler in Erfüllung geht, nämlich

Geht's a bissl billiger?

Ein Ehepaar betritt den Kassenraum des Bades, betrachtet lange kopf schüttelnd und skeptisch die aushängende Preistafel und geht dann an die Kasse.

Mann: Hallo!
Kassiererin: Grüß Gott!

Mann:	Wir hamm uns grad die Preistafel durchgschaut …
Kassiererin:	Habs scho gsehn! Dann kennens ja unsere Preise.
Frau:	Und da lässt sich nix macha?
Kassiererin:	Wie „nix macha"? *„Hättst dir a halberts Pfund weniger Schminke ins Gsicht klatscht, dann könntst dir den Eintritt leisten!"*
Frau:	Gibts da koan Rabatt oder so?
Mann:	Für Paare zum Beispiel? Mir san nämlich verheiratet!
Kassiererin:	Rabatt? Ab acht Personen gibts Gruppenermäßigung.
Frau:	Aber mir san bloß zwoa!
Kassiererin:	Des is schlecht!
Mann:	Hm … dann geht praktisch nix?
Kassiererin:	Naa, duat mir wirklich leid, aber da geht nix. *„So wia ihr zwoa ausschauts, geht bei eich sowieso nix!"*
Frau:	De 15 Euro für die Tageskarte, is des pro Person?
Kassiererin:	Ja, pro Person! *„Wenns pro Gehirnzelle waar, dann waars bei dir derselbe Preis! So eine blöde Frage!"*
Frau:	Dann wärn des dreißig Euro für uns zwoa!
Kassiererin:	Genau, dreißig Euro! *„Des hätt i dir gar ned zuatraut, dass du des ausrechnen konnst!"*
Mann:	Und des is dann praktisch für alles – Badebereich, Sauna, Wellnessbereich?
Kassiererin:	Für alles, genau! *„A plastische Chirurgie für dei Alte is leider ned dabei, obwohl dass des des is, wos sie am Notwendigsten braucha daad! Aso ein alter Scherm!"*
Frau:	Mir wolln eigentlich nur in den Badebereich, Wellness hamma heit gar ned vor. Kostet des dann aa fünfzehn Euro pro Person – nur Badebereich?
Kassiererin:	Leider ja! Weil wissens, wia sollma des kontrolliern, ob jetza jemand nur im Badebereich is oder nur Wellness oder beides? Des is ganz schwierig!
Frau:	Ja glauben Sie mir des vielleicht ned? Wenn i sog, mir genga nur in den Badebereich, dann derfas mir des fei scho glauben!

Kassiererin:	Natürlich glaub i Eahna des! Aber i kann da echt nix macha, i hab de Preise aa ned gmacht! *„Rindviech!"*
Mann:	Du Uschi, des versteh i scho, de Frau hod aa ihre Vorschriften!
Frau:	Des is scho klar, i frag ja bloß! Wenns nach dir geh daad, dann daadn mir nie an Rabatt kriagn, weil du host kein Durchsetzungsvermögen!
Mann:	Also Uschi, des derfst jetza ned sogn! Wia mir des Auto kauft hamm, wer hat denn do so hart verhandelt, dassma no de Fußmatten und des Warndreieck kostenlos kriagt hamm? Wer? I oder du?
Frau:	Du, weil i ned dabei war! Wenn i dabeigwesn waar, dann hättma a Tankfüllung aa no dazuakriagt, des schwör i dir! *Zur Verkäuferin:* Oder, Fräulein? A Fußmatte und a Warndreieck, des is doch lächerlich! Des is doch des Mindeste, wenn i einen Neuwagen kaaf, oder?
Kassiererin:	Mei, des konn i ned sogn, weil i hob koa Auto! *„An seiner Stell hätt i di gega de Fußmatten eitauscht, des waar ein Super-Deal gwen!"*
Mann:	Dua doch des Fräulein ned mit unserm Autokauf belästigen! Des is doch dem Fräulein völlig wurscht!
Verkäuferin:	*„So wurscht, wia wenn in Hongkong a Fahrradl umfallt!"* Möchtens dann zwei Tageskarten?
Frau:	Eigentlich wollten wir bloß zwoa Stunden dobleim!
Mann:	Maximal drei!
Frau:	*Scharf:* Zwoa hob i gsagt!
Mann:	Zwoa!
Kassiererin:	Ja guat, da gibts dann die Halbtageskarte für acht Euro! Des san dann pauschal vier Stunden.
Frau:	A Vierteltageskarte für zwoa Stund hamms ned?
Mann:	Also Uschi! A Vierteltageskarte! Des hob i no nie ghört! Wos soll denn de Frage?
Frau:	Jetza muaß i scho dumm frogn: Bist jetza du dera ihra Ehemann oder der meine?

Mann:	Aso a Schmarrn, deiner natürlich! Owa wenns halt koa Vierteltageskarte gibt, dann gibts koane! Do konn de Dame aa nix dafür!
Kassiererin:	Des duat mir echt leid! *„Wia konnma bloß aso a Schreckschraubn heiraten? Obwohl, bei dem wunderts mi ned, des is a glatter Lalle!"* Möchtens dann zwei Halbtageskarten? *„Hoffentlich dersaufts, des Horn, des bläde!"*
Mann:	Ja, gebens uns bitte zwoa Halbtageskarten!
Kassiererin:	Bittschön! Des waarn dann sechzehn Euro!
Frau:	Da is aber dann da Wellnessbereich aa dabei?
Kassiererin:	Natürlich! Aber Sie wollten doch nur den Badebereich!
Frau:	*Spitz:* Des miassens scho uns überlassen, gell!
Kassiererin:	Ja freilich! Sie derfan überall higeh und alles nutzen, vier Stunden lang! Viel Spaß wünsch i Eahna! *„Da Deifl soll di holn, du Mistpritschn!"*
Mann:	So, bittschön, des san sechzehn Euro! Und danke für die Beratung!
Frau:	*Ist mit einer großen Badetasche schon vorausgegangen.* Kimmst jetza aa, Rene? Oder bleibst bei dera Dame an da Kasse steh?
Mann:	*Mit einem hilflosen und bedauernden Achselzucken zur Kassiererin:* Omei! *Zur Frau:* Kimm scho, Uschi! Geht.
Kassiererin:	Viel Spaß dann! *„Arme Sau!"*

Ein einzelner Herr betritt den Kassenraum.

Herr:	Gott zum Gruße, schöne Frau!
Kassiererin:	Grüß Gott, der Herr! *„Oweh, a Schleimer!"*
Herr:	Ich daad gern wos für mei Gsundheit und a paar Runden schwimma! Und dann in d'Sauna, weil de Kombination heiß-kalt is für den Kreislauf pures Gold!
Kassiererin:	Do hamms recht! *„Is dei Frisör gstorm, weilst mir den Kaas erzählst? Zahl dei Eintrittsgeld und schau,*

	dassd weidakimmst! I möcht draußen in Ruhe oane raucha!"
Herr:	Wos kost mi des?
Kassiererin:	Die Tageskarte fünfzehn Euro, die Halbtageskarte acht Euro! Und da is alles inklusive: Schwimmbecken, Wellnessbereich, Sauna.
Herr:	Wunderbar! Und gibts do eine Ermäßigung für bestimmte Personen?
Kassiererin:	San Sie über 65?
Herr:	Gott bewahre! Schau i so alt aus? Naanaa, i bin erst 64 und acht Monat!
Kassiererin:	Den Seniorenrabatt von zwanzig Prozent gibts leider erst ab vollendetem 65. Lebensjahr! Des is ganz streng, do muaß i sogar a Kopie macha vom Ausweis! *„Ausschaun duast wia 75 mit deiner Plattn, dein Doppelkinn und dein Gschwollbauch!"*
Herr:	Und sonst gibts koa Möglichkeit? Do gibts doch normal immer Möglichkeiten!
Kassiererin:	San Sie schwerbehindert?
Herr:	Schwer scho, owa ned behindert! Muahahaha!
Kassiererin:	Sehr nett! I mog lustige Männer! *„Um Gottes Willen, is des ein Arsch!"*
Herr:	Jaja, i war scho immer aso! Drum bin i aa wahnsinnig beliebt! Wenn wos is, dann hoaßts allaweil: „Hauptsach, da Günther is dabei, dann wirds a Gaudi!" Da Günther, des bin i!
Kassiererin:	Des glaub i, dass Sie eine Stimmungskanone san! *„Glei kotz i, des is ja ein Hyperarsch!"*
Herr:	Jaja, des bini wirklich! Ein bisschen Spaß muss sein, des hod scho da Roy Black gsunga oder da Sepp Gildo oder wia der hoaßt. Owa zurück zum Kernproblem: Mit an Rabatt geht nix, ha?
Kassiererin:	Leider ned! Wenn Sie unter 65 san und des Pech hamm, dass ned schwerbehindert san, dann miassns wohl oder übel den vollen Preis zahln. *„Und an*

	Zwanzger Schmerzensgeld an mi, weil i mir dein unerträglichen Schmarrn ohörn muaß!"
Herr:	I bin Schüler!
Kassiererin:	Wos sans?
Herr:	A Schüler bin i! Gibts do koa Ermäßigung?
Kassiererin:	Sehr lustig! *„Jetza kotz i wirklich glei!"*
Herr:	Naa, ohne Schmarrn, i bin echt Schüler! An da Volkshochschul! In bin sogar in zwoa Kurse: „Tschechisch für Anfänger" und „Bärwurz – Segen und Fluch"! Also, wia schauts aus rabattmäßig?
Kassiererin:	Naja, normal gibts für Schüler scho an Rabatt vo zwanzig Prozent. Owa do san ja Schüler gmoant, de no schulpflichtig san, oder Studenten mit Studentenausweis. Schüler an da Volkshochschule san do ned gmoant!
Herr:	San Sie sich do sicher?
Kassiererin:	Mei, wos hoaßt sicher? Des is doch eigentlich logisch! *„Glei ruaf i den Hausmeister o, dass er di aussewirft, du bläder Hammel!"* Verstehens mi ned falsch, owa als Schüler an der Volkshochschul kann i Eahna koa Ermäßigung gebn. Des is ja ned der Sinn der Sache! Der Sinn is ja, dassma davon ausgeht, dass a Schüler jung is und no nix verdient. Weil …
Herr:	Naa, passt scho! Sie brauchen mir des ned erklärn! Mir is doch des klar, i bin doch ned bläd!
Kassiererin:	*„Und wia bläd du bist!"* A geh?
Herr:	I wollt Eahna bloß zoang, wia des is, wennma alles wörtlich nimmt. Weil oft denktma gar ned drüber nach, wos des bedeit, wennma alles wörtlich nimmt! Aa im häuslichen Bereich! I hob scho oft, wenn mei Frau gsagt hod „duast du heit no Rasenmahn?", gsagt: „Naa, dua i ned! Weil da Rasenmäher maht, ned i! I schiabna bloß!" Verstengas? I führ de Menschen vor Augen, wia gedankenlos dassma oft gfragt wird! I mach do an Gag draus!
Kassiererin:	Und wos sagt do Eahna Frau dazua?

Herr:	Scho lang nix mehr, weil mir san scho acht Johr gschiedn!
Kassiererin:	Oh, des duat mir leid! *„De hods eh lang ausghaltn mit so einem Affen wia dir!"*
Herr:	Mir duats ned leid! Also, schöne Frau, dann gebens mir bitte a Halbtageskarte zum regulären Preis von acht Euro! I zahl des, obwohl dass i a Schüler bin! Muahaha! *Gibt ihr lachend einen Zehn-Euro-Schein.*
Kassiererin:	Hahaha! Bittschön, Eahna Karte! Und zwei Euro zurück!
Herr:	Ach geh, passt scho! Des is für Sie, weil Sie so charmant san! Dann kinnans auf d'Nacht im Wirtshaus am Stammtisch sogn: „Heit hod mir ein Schüler zwoa Euro Trinkgeld gem!" Und scho hamm Sie einen Brüller und scho sans der Mittelpunkt am Stammtisch!
Kassiererin:	Owa hundert pro! Danke für des Trinkgeld! Und viel Spaß! *„Du wennst bei uns am Stammtisch sitzn daadst und so einen Schmarrn erzähln daadst, du daadst spätestens nach zehn Minuten aussefliagn, hochkant!"*
Herr:	Alles klar, gern gschehn! Und jetzt ab zur Fleischbeschau! Muahaha!
Kassiererin:	Haha! *„Genau! Wennst du kimmst, dann kinnan de andern Badegäste a Wundertier oschaun: A Sau mit Badehosn!"*

Kaum ist der selbsternannte Witzbold im Badebereich verschwunden, betritt ein Ehepaar mit zwei Kindern den Kassenraum. Die mit Bade- und Kinderutensilien schwer bepackten Eltern betrachten noch angestrengt die Preistafel an der Wand, während die zwei Kinder, männlichen Geschlechts und um die acht Jahre alt, zur Kasse stürmen.

Kind 1:	Ich mag ein Eis!
Kassiererin:	Da musst deine Mami fragen! *„A Schelln konnst hom, du Fratz!"*

Kind 1 rennt zur Mutter, die mit dem Vater über die Eintrittspreise diskutiert.

Kind 1:	Mama, kauf mir ein Eis!
Mutter:	*Tadelnd:* Wie heißt das, Jörn?
Kind 1:	Äh … Nucki Nuss!
Mutter:	Ich meine nicht, wie das Eis heißt, sondern wie das Zauberwort heißt, das man sagt, wenn man von jemandem etwas möchte!
Kind 1:	Achso! Mama, kauf mir bitte ein Eis!
Mutter:	Siehst du, geht doch! Einen Moment, Jörn! Papa und ich schauen nur kurz nach, was das Ganze kostet!
Kind 1:	Das ganze Eis?
Vater:	Nein, das Bad! Und jetzt sei bitte ruhig, ich muß rechnen!
Kind 2:	*Zur Kassiererin:* Wie heißt denn du? Ich Pascal!
Kassiererin:	Ich Rosi!
Kind 2:	Blöder Name!
Kassiererin:	Pascal is auch blöd! „*Saufratz, preißischer!*"
Kind 2:	Mamaaa! Die Frau hat gesagt, Pascal ist blöd!
Mutter:	Ruhe, Pascal, Papa rechnet noch!
Kind 2:	Aber die Frau …
Vater:	*Scharf:* Ruhe verdammt! Du siehst doch, dass ich beschäftigt bin!
Kind 2:	Aber …
Vater:	*Sehr scharf:* Ruhe!
Kassiererin:	Ällabätsch! *Schneidet eine hämische Grimasse in Richtung Pascal, dessen Eltern davon nichts mitbekommen, da sie immer noch mit der Preistafel beschäftigt sind. Inzwischen ist auch Jörn wieder vor der Kassiererin aufgetaucht.*
Kind 1:	*Spöttisch grinsend zu seinem Bruder:* Mama hat gesagt, ich krieg ein Eis! Und du kriegst keiheins!
Kind 2:	Ich mag gar keines! Ich mag Pommes! Mamaaa, ich mag Pommes!

Mutter und Vater haben inzwischen die Preistafel verlassen und sind ebenfalls zur Kasse gekommen.

Vater: Guten Tag!

Kassiererin: Grüß Gott!

Kind 1: *Zieht die Mutter am Ärmel.* Mama, der Pascal mag Pommes und ich ein Eis!

Mutter: Jetzt seid bitte mal ruhig! Der Papa zahlt den Eintritt, dann gehen wir rein und dann bekommst du deine Pommes!

Kind 1: Ich will ein Eis! Der Pascal will Pommes!

Vater: Ruhe jetzt! Also, Fräulein, wir sind zwei Erwachsene und zwei Kinder im Alter von sieben und acht Jahren. Wenn ich das richtig gesehen habe an der Preistafel, dann wären das zweimal fünfzehn und zweimal sieben Euro, insgesamt also 44 Euro für die Tageskarte.

Kassiererin: Genau! Oder möchten Sie eine Familienkarte?

Mutter: Was kostet die?

Kassiererin: 45 Euro!

Vater: Das ist aber teurer!

Kassiererin: Ja schon, aber die gilt für eine unbeschränkte Zahl von Kindern und auch für die Großeltern! Also insgesamt ist es dann schon günstiger. Stellen Sie sich folgendes Beispiel vor: Zwei Eltern, sechs Kinder, zwei Omas, zwei Opas, und das alles für 45 Euro! Sie sparen unheimlich!

Vater: Ja gut, aber wir haben nur zwei Kinder und die Großeltern sind in Hannover!

Kassiererin: Dann nehmen Sie lieber die regulären Karten für 44 Euro!

Mutter: Schon, oder? Was meinst du, Klaas-Jochen?

Vater: Selbstverständlich, Vivien! 44 Euro sind ja schon rein rechnerisch weniger als 45 Euro! *Zur Kassiererin:* Und irgend einen Bonus für Feriengäste gibt es nicht bei Ihnen?

Kassiererin:	Bonus? Nein, leider nicht!
Mutter:	Weil wissen Sie, wir waren mal in Österreich, beim Wurzenwirt. Und da, da haben wir so eine Gästekarte bekommen ... Moment, ich habe sie noch in meiner Geldbörse ... *holt die Gästekarte vom Wurzenwirt aus dem Geldbeutel* ... sehen Sie, das ist sie! Und damit bekamen wir überall zwanzig Prozent Rabatt! Im Bad, bei der Bergbahn, beim Ponyreiten, in der Eisdiele. Sowas ist bei Ihnen wohl nicht möglich?
Kassiererin:	Nein, leider nicht! Ehrlich gesagt, ich kenne diesen Wurzenwirt gar nicht, i war scho lang nimmer in Österreich! Warum sollte ich Ihnen auf die Gästekarte von einem österreichischen Wirt einen Rabatt geben?
Vater:	Nein, Sie verstehen mich falsch! Natürlich meinten wir nicht speziell diese Karte, das war ja nur ein Beispiel!
Kassiererin:	Achso! *„Depp! Warum haltst mir dann de Kartn vom Wurzelsepp her? Typisch bläde Preißn!"*
Mutter:	Hier bei Ihnen in Grundling gibt es wohl keine Gästekarte oder etwas Ähnliches?
Kassiererin:	Doch, scho! Bei der Tourist-Info! De kostet pro Erwachsenen zehn Euro und pro Kind und Rentner fünf Euro. Und mit der kriegen Sie im Heimatmuseum, auf dem Minigolfplatz und auf der Sommerrodelbahn zehn Prozent Rabatt!
Vater:	Und hier im Erlebnisbad?
Kassiererin:	Leider ned. Weil wenn jemand vierzehn Tage jeden Tag ins Bad geht und jedsmal zehn Prozent Rabatt kriagt, dann zahlma ja drauf!
Vater:	So gesehen haben Sie recht!
Kassiererin:	Ja eben! Aber ich kann Eahna die Gästekarte trotzdem empfehlen! Schauens her, die Sommerrodelbahn kostet regulär vier Euro für Erwachsene und zwei Euro für Kinder. Wenn Sie mit der Gästekarte 26mal fahren, sind Sie schon im Plus!

Vater:	Interessant!
Kassiererin:	Oder wenn Sie 52mal ins Heimatmuseum gehen! Da kostet der Eintritt normal zwei Euro für Erwachsene und einen Euro für Kinder!
Vater:	Ach ja?
Kassiererin:	Ja! Zur Zeit läuft noch drei Tage lang die Sonderausstellung „Die Runkelrübe – Nahrung für Mensch und Tier"! Hochinteressant!
Mutter:	Jetzt gehen wir erstmal ins Bad! Zahl bitte, Klaas-Jochen, die Kinder sind schon ganz unruhig!
Kassiererin:	Jaja, die Kinder! *„Wahrscheinlich biesLns ins Becken eine, de zwoa Fratzn!"* Dann wünsch ich viel Spaß!
Vater:	*Legt 44 Euro abgezählt auf die Theke.* Bitte schön! Und danke für die gute Beratung! Wir werden uns das mit dem Museum und mit der Sommerrodelbahn noch überlegen.
Kassiererin:	Tun Sie das! *„So bläd wia du ausschaust, duast des wirklich!"*

Gelegentlich gönne ich es mir bzw. tue ich es mir an, ein Fußballspiel live zu erleben. Nein, nicht in der Allianz-Arena oder einem sonstigen noblen Sporttempel – ich gehe zu einem Spiel der Kreisklasse, maximal der Bezirksliga! Erstens ist es billiger, zweitens hat man noch persönlichen Kontakt zu den Spielern und kann diesen fachmännische Ratschläge oder auch spontane Kritik direkt angedeihen lassen und drittens kann man mit Zuschauern sowohl der eigenen als auch der gegnerischen Mannschaft im Gespräch von Mann zu Mann Differenzen vor Ort klären. Da wenn man einen Spieler motiviert mit einem saloppen „Renn schneller, du faule Sau!", dann hört es dieser und rennt! Das ist in der Allianz-Arena angesichts des Höllenlärms und des kommunikationsfeindlichen Abstandes zwischen Zuschauern und Spielern unmöglich. Auch Interpretationsvorschläge gegenüber dem Schiedsrichter oder seinen Assistenten an der Linie sind in den unteren Ligen noch möglich! Ein erregt geäußertes „Des war doch Abseits, du blinder Hanswurscht!" wird allemal besser zur Kenntnis genommen als ein phantasieloses „Schieber" im Stadion. Und wer weiß, vielleicht ist der Schiedsrichter ein eher ängstlicher Typ und berücksichtigt bei seiner nächsten Entscheidung die Anregung eines tätowierten und 140 Kilo schweren Zuschauers! Ja, und dann natürlich die faszinierenden Gespräche der zahlreichen, oft sogar in dreistelliger Höhe anwesenden Zuschauer, deren Zeuge man wird! Sie machen jedes Fußballspiel zu einem echten Erlebnis, denn es handelt sich ausschließlich um

Profis unter sich

Sepp:	Kruzenäsn, so ein lahmes Spiel! Jetza spielns scho drei Minuten und no koa Tor! Solcherne Hamperer!
Kare:	De san zu defensiv!
Sepp:	Wer? De unsern oder de andern?
Kare:	Alle! Zu defensiv! Do ghörtse mehr gschossn!
Sepp:	Des stimmt! I wenn a Trainer waar, i daad sogn: „Hauts eahna de Bude voll, de Krippln, de elendigen!" Des daad i sogn! I waar do radikal!

Kare:	I aa! Owa de heitigen Trainer, de hamm koan Muat! De hamm Angst vor jedem Gegentor! Liawa gwinn i doch 8:7, bevor dass i 0:0 verlier! Is doch aso, oder?
Sepp:	Genau aso is! Du Kare, wolltst du ned dei Wei mitnehma heit? Du wolltst ihr doch live erklärn, wos Abseits is, dasses endlich amal kapiert!
Kare:	Des hod koan Sinn, weil erstens kapiert de des nie und zwoatens konns koa Bluat seng!
Sepp:	Ja, wenn de koa Bluat seng konn, dann hods beim Fußball nix verlorn! Fußball is koa Kaffeekränzchen, do muaßt scho an gwissn Blutverlust eikalkuliern!
Kare:	Drum is ja Fußball ideal für an junga Burschen, weil do lernt er a gewisse Härte! Dass er ned glei jammert, wenn amol a Meniskus splittert oder a Kreuzband reißt oder a Nosnboa bricht! Das Leben ist kein Zuckerschlecken – je eher dass des oana lernt, umso besser!
Sepp:	Genau! Do is Fußball da ideale Sport! Ah … Andi, magst du zum Sauerbraten liawa Nudeln oder liawa Knödeln?
Kare:	*Verwirrt:* Wos?
Sepp:	Naa, i red ned mit dir! Da Zehner vo de Blauweißen, des is mei Schwiegersohn. Der isst heit Middog bei uns und mei Frau hod gsagt, i sollna frogn, wos er liawa mog, weil des kochts dann. I ruafs mit'm Handy o und sog ihr, wos da Andi mog!
Kare:	Achso! Des is praktisch!
Andi:	*Im Eifer des Gefechts:* Wos sagst, Schwiegervoda?
Sepp:	Pass aaf! Hintermann! Do, jetza hostas, jetza hod dir da Achter den Ball abgnumma! Wega dein blädn Sauerbraten!
Andi:	*Verständnislos:* Wos für a Sauerbraten?
Sepp:	Ach, bi staad und konzentrier di liawa! *Zu Kare:* I ruaf jetza mei Frau o und sog ihr, sie soll kocha, wos sie mog. Sunst follt wega dem blädn Sauerbraten no a Gegentor! So weit kaams no!

Kare:	De Weiber allaweil!
Andi:	*Genervt, keuchend, schwitzend:* Wos is denn jetza? Wos willst denn?
Sepp:	Nix, passt scho, konzentrier di aaf des Spiel und denk ned dauernd ans Essen!
Andi:	*Kopfschüttelnd und sich wieder in das Spiel eingliedernd:* Depp!
Kare:	Der hod „Depp" zu dir gsagt! Des is relativ respektlos! Is des scho ned schee, dass er mit deiner Tochter ins Bett geht, owa „Depp" brauchts ned!
Sepp:	Im Fußball spielt des koa Rolle, privat wenn er des sogn daad, dann daads scheppern, des garantier i dir! Im Fußball isma do liberaler, do legtma ned jedes Wort aaf die Goldwaage!
Kare:	Do host du recht! Hä, host du des gseng? Host du des Foul gseng? Des is ja direkt Körperverletzung! Und der pfeift ned!
Sepp:	*Schreit:* Hä, du schworze Sau! Bist du blind oder hamms di zahlt, dass du ned pfeifst?

Der Schiedrichter reagiert nicht, das Spiel läuft weiter. Um seine fachliche Kritik zu untermauern, wendet sich Sepp erneut an den Referee, diesmal etwas lauter.

Sepp:	Hä, du Sau, du schworze! Bist du blind und taub oder wos? *Mit zum Schalltrichter geformten Händen:* Ich weiß, wo dein Auto steht!

Der Schiedsrichter unterbricht das Spiel, geht an den Spielfeldrand und bleibt vor Sepp und Kare stehen.

Kare:	Oh, oh! Du Sepp, i glaub, der is doch ned taub!
Sepp:	*Ängstlich:* Wenn er fragt, ob wer wos gsagt hod, dann sagst, i hob nix gsagt, sagst, gell!
Kare:	Des is schwierig, weil du host ja gschrian wie ein Ochs!
Sepp:	Jetza sei bloß koa Kameradenschwein!
Schiedsr.:	*Zu Sepp:* Wos hamm Sie grad gsagt?

Sepp:	*Deutet auf Kare.* Er wars!
Kare:	I glaub, du spinnst! *Zum Schiedsrichter im Stile eines petzenden Schülers, auf Sepp deutend:* Er hat zwoamal gesagt, dass Sie eine schworze Sau san, zwoamal! Und blind! Und taub! Und dann hat er no gsagt, dass er woaß, wo Eahna Auto steht! I hobs genau ghört!
Sepp:	Kameradenschwein!
Schiedsr.:	*Zu Sepp:* Hamm Sie des gsagt? Ja oder Nein?
Sepp:	Äh …, im weitesten Sinne hob i sowos Ähnliches gsagt; also wörtlich kannt i des jetza nimmer sogn, owa im weitesten Sinne mogs scho sei, dass i sowos gsagt hob. Owa des war ja lustig gmoant! Wissens es doch selber, sehr geehrter Herr Schiedsrichter, wia des is beim Fußball! Man red aso dahi und denktse nix dabei! *Lacht verlegen.*
Schiedsr.:	Lustig war des gmoant? Aha! Lustig war des gmoant! Mehrere massive Beleidigungen und a Bedrohung moanan Sie san lustig?
Kare:	Also bedroht hod er Sie fei ned, Herr Schiedsrichter! Er hätte Eahna nie wos do, sondern bloß Eahnam Auto!
Sepp:	Spinnst du? I hätt doch dem Auto vom hochverehrten Herrn Schiedsrichter nix do! Wirklich, Herr Schiedsrichter, des derfas mir glauben! Und außerdem, i woaß doch ned, wo Eahna Auto steht. Alloans daran segtma scho, dass des insgesamt a Witz war! *Lacht abermals verlegen.*
Kare:	Er macht ja gern amal an Witz, Herr Schiedsrichter! Wissens, i konn des beurteilen, weil mir san ja Schulkameraden! Aa in da Berufsschul als Metzger, mir warn immer Banknachbarn! Und da Sepp, der war ja scho immer unser Klassendepp, scho seit jeher! Mir hamm in da Schul den Spruch ghabt: „In da Klass der größte Depp, ist zweifellos der Moser Sepp!" Des war unser Spruch! Weil wissens, er hoaßt Moser mit Nachnam! Josef Moser! Und dann, in da Berufsschul

	hods ghoassn: „Wer ist beim Schlachten dümmer als das Schwein? Das kann nur der Josef Moser sein!" *Seufzt melancholisch.* Jaja, war a scheene Zeit damals, in da Lehr!
Sepp:	*Auch seufzend:* Omei, ja, schee wars! *Eifrig zum Schiedsrichter:* Des stimmt, Herr Schiedsrichter, des stimmt! I war immer scho da Depp! Und heit bines aa no, am Stammtisch! Gell, Kare?
Kare:	Genau! Du bist echt scho immer da Depp! Durchgehend!
Sepp:	Jetza hörnses, Herr Schiedsrichter, jetza hörnses selber!
Schiedsr.:	Na gut, dann will ich mal ein Auge zudrücken! Aber noch ein Wort wenn ich von Ihnen höre, egal, ob gegen mich oder gegen einen Linienrichter, dann lasse ich Sie des Platzes verweisen! Merken Sie sich das!
Sepp:	Ich schweige wie ein Grab, Herr Schiedsrichter! Und wenn i no wos bemerken darf: Sie leiten des Spiel bisher souverän! Fehlerfrei! Kompliment!
Kare:	Des muaß i aa sogn: Sie san der beste Mann auf dem Platz! Ohne Schmarrn!
Schiedsr.:	Dankschön! Also dann, Sie wissen Bescheid!
Sepp:	Alles klar!

Der Schiedsrichter läuft wieder auf das Spielfeld, das Spiel geht weiter.

Sepp:	Merci Kare, dass du des mit dem Deppen so schee erklärt host! Der hod des voll glaubt, dass i a Depp bin!
Kare:	*Grinsend:* Bist ja oaner!
Sepp:	Depp!
Kare:	Du Sepp, segst du de Blonde durt vorn an da Bratwürstlbude?
Sepp:	De mit dera enga Jeans?
Kare:	Haargenau de! Wos sagst?
Sepp:	Ein Gschooß!
Kare:	Do daad i aa amal einen Freistoß riskiern!

Sepp:	Hähä! Du wieder! Do hättst du überhaupt keine Chance nicht! De daad dir de rote Karte zoagn!
Kare:	Sog des ned! I war allaweil scho a super Manndecker! Muahahaha!
Sepp:	Jetza hör aaf mit deine ewigen Schweinereien! Mir san am Fußballplatz und ned im Buff! Konzentrier di aaf des Spiel und vergiss deine Gelüste! Weil wenns drauf okemma daad, daadst du bei dera Blondine ned amal in den Strafraum einekemma! Aso schauts aus!
Kare:	Von wegen! I wenn solln daad, i daad scho kinna, wenn i miassert! Owa i derf ned wolln!
Sepp:	Tragisch! Du, wia stehts denn eigentlich?
Kare:	Null zu Null! Oder host du scho a Tor gseng?
Sepp:	Eigentlich no ned. Du, Frage: Und wenn mir uns a Bratwurstsemmel kaffa und de Blonde aus der Nähe oschaun? Des Spiel is eh langweilig. Allaweil hi und her und kein Tor, so ein Kaas!
Kare:	Du, gega wen spieln wir denn überhaupt?
Sepp:	Da Erwin hod gsagt, gega 'n Achten!
Kare:	Und wer is momentan Achter?
Sepp:	Keine Ahnung!
Kare:	I hob mir denkt, mir san Achter.
Sepp:	Naa, mir san Zehnter!
Kare:	Oweh! Noja, wundern duats mi ned, dass mir ned weida vorn san, weil es fehlt dodal an der Unterstützung vo de Fans!
Sepp:	Des sog i aa! De Fans, de identifizern sich ned mit der Mannschaft, des is des Dilemma! Und jetza kimm, kaffma uns a Bratwurstsemmel und a Holwe Bier! Ncd dass de Blonde geht, bevor dassma mir hikemma zu da Bratwürstlbude!
Kare:	Alles klar, gemma! De Unsern verliern sowieso wieder, des is allaweil des Gleiche!
Sepp:	Genau! Weil einfach de Unterstützung vo de Fans fehlt!

Beim Kinderfest

Sepp:	Des is direkt herzerwärmend, wennma segt, wos de Kinder für a Freid hamm!
Kare:	Des stimmt! Es is owa aa einiges geboten: A Hupfburg, Kinderschminken und des Ballonwettfliegen!
Sepp:	Mei, schau aufe, de Luftballons – wia de lautlos schweben über der Welt! Is fei scho a schöner Anblick, gell?
Kare:	Wunderbar! De gelben, de blauen, de roten – wunderbar!
Sepp:	Do wirdma direkt philosophisch! Mi daad interessiern, wiase so a Luftballon fühlt!
Kare:	Des konn i dir aus eigener Erfahrung sogn, wiase der fühlt, weil i hob gestern a Pfund Kirschen und a Pfund Sauerkraut gessn und dann a Radlmass trunka!

Alkohol am Steuer

Sepp:	Und Kare, alles klar?
Kare:	Gestern war i am Volksfest. Hob i vier Mass trunka und dann bini a paar Runden mit'm Auto gfahrn!
Sepp:	Spinnst du? Und wia wars?
Kare:	Vor mir d'Feierwehr, hinter mir d'Polizei, es war da Wahnsinn!
Sepp:	Um Gottes Willen! Wos host dann gmacht?
Kare:	Mei, wos hätt i macha solln? I bin no a paar Runden gfahrn, bis des Kinderkarussell stehbliebn is, dann bin i ausgstiegn!

Echter Freund

Sepp:	Servus Kare!
Kare:	Hawedere Sepp! Wos isen los, warum ruafst denn o?
Sepp:	Folgendes: I daad heit gern ins Freibad geh.
Kare:	Des versteh i, bei dera Hitz!
Sepp:	Und i wollt di frogn, obst mitkimmst!
Kare:	Des geht leider ned, weil i hob heit an Zahnarzttermin und dann will mei Wei no shoppen! Duat mir echt leid! Owa do find sich bestimmt ebba, der mitgeht mit dir!
Sepp:	Mir waars owa viel liawa, wennst du mitkemma daadst!
Kare:	Weil i dei bester Freind bin?
Sepp:	Naa, weil i mi im Freibad einfach wohler fühl, wenn oaner neba mir liegt, der wo no wamperter is als i!

Beim Bergfest beim Bieseln

Sepp:	Kare, woaßt wos, hicks, i hob mir denkt, i biesl jetza einfach do aaf dera Waldlichtung, weil vor da Toilette stenga mindestens, wenn ned mehr! So lang, hicks, halt i des nimmer aus! Immerhin hob i scho zwoa Radlermass und drei echte, vom Schwa … Schnaps ganz zu schweigen, und des ohne Biesln. Irgendwann, hicks, gehts nimmer!
Kare:	Aso, hicks, gehts mir aa! Und mir brauchma uns ned schaama, weil es is scho so guat wia dunkel und unsere Notdurft ist nimmer sichtbar, hicks! Do wenn aa wer herschaut – der segt nix!
Sepp:	Und wenn, dann waars aa wurscht, weil wos sei muaß, muaß sei! Aussaschwitzn kinnmas ned, do hilft alles, hicks, nix!
Kare:	Do schau owe ins, hicks, Tal! Is des ned ein wunderbarer Ausblick in unsere Hoamat! *Von der Rührung*

ob der schönen Heimat übermannt, fast unter Tränen: Kreizkruzenäsn, hamm mir eine, hicks, schöne Hoamat! I sogs oft: Mir hamm eine Hoamat, do woma sogn konn: Jawoll, des is, hicks, eine Hoamat! So eine Hoamat hamm mir! *Stimmt kurz das Lied „Mir san vom Woid dahoam" an, schweigt aber dann und konzentriert sich auf das Bieseln.*

Sepp: Des hob i scho allaweil gsagt! Zu mein Kinder sog i oft: Ihr, hicks, wissts nicht, wia schee dasses ihr habts, hicks! Oft sog i des! De wissen des ned! De moanand, sie hamms hart, hicks, owa de hamms schee! Mit einer Hoamat zum Abschlecken!

Kare: Do schau dir de stolze Tanne o, an de mir drobiesln! Diese stolze Tanne, de steht scho, hicks, mindestens 150 Jahre do und schaut owe ins Tal! Wos daad diese, hicks, stolze Tanne sogn, wenns reden kannt? Des daad mi persönlich interessiern, hicks, daad mi des!

Sepp: Vermutlich daads sogn: „I bin a Fichte!"

Kare: *Betrachtet sich den Baum, an dem er sich abstützt, näher.* Und do hätts, hicks, ned unrecht!

Petrus lässt grüßen

Sepp: Hostas glesn in da Zeitung?

Kare: Naa!

Sepp: In da Polizeistation hod vorgestern da Blitz eigschlagn!

Kare: Um Gottes Willen!

Sepp: Halb so wild, keinerlei Personenschaden und kaum Sachschaden!

Kare: No gottseidank, dann gehts ja no!

Sepp: I schätz, da Petrus wollt de Polizisten bloß amal zoagn, wia des is, wennma blitzt wird, wennma ned damit rechnet!

Kare: Dann is des in Ordnung!

Banause

Kare:	Des is des, wennma keine Kultur ned hod!
Sepp:	Wia moanst jetza des?
Kare:	Da Erwin! Ein Banause hoch drei! Weil der den ganzn Dog nur Fußball gafft! Der hod keine Kultur!
Sepp:	Wia kimmst jetza aaf des?
Kare:	Gestern im Wirtshaus sagt da Hans voller Stolz: „Manner, i hob fei Koi-Karpfen im Gartenteich!" Alle hamm gsagt „ey super!". Bloß da Erwin, der hod gsagt: „I hob aa koi Karpfen im Gartenteich, sondern Goldfisch'!"

Peinliche Gattin

Sepp:	I nimms nimmer mit, i nimmer!
Kare:	Wen nimmst nimmer mit?
Sepp:	Mei Frau!
Kare:	Überhaupt nimmer?
Sepp:	Zum Public Viewing nimmes nimmer mit!
Kare:	Warum denn?
Sepp:	Weils gestern dermaßen peinlich war! I geh mit ihr in den Biergarten, weils ghoaßn hod, do is Public Viewing: EM-Viertelfinale Deitschland gega Italien! Da Biergarten grammelt voll, hundertfuchzig Leit! Dann geht des Spiel o und mei Wei fragt ganz laut den Wirt: „Sie, Entschuldigung, kanntns ned umschaltn? Weil am zwoaten Programm kimmt's Traumschiff!"

Konservativ

Sepp:	Kare, wos schaust denn so bös, wia wenn dir d'Hehner 's Brot zammgfressn hättn?
Kare:	Weil mi mei Tochter aso aafregt!
Sepp:	Wia des? Wos machts denn?

Kare:	A Kind hods kriagt, an Buam!
Sepp:	Und des regt di aso aaf?
Kare:	Des ned! Owa wos glaubst, wia sie den Buam taufa will?
Sepp:	Karl? Hans? Konrad?
Kare:	Raoul! I draah durch!
Sepp:	Raoul? Ja mi host ghaut, aso a gschissner Nam'!
Kare:	Eben! I hobs gsagt zu meiner Tochter: „Soraya-Kreszenz, wia konnma denn einem Kind an so an unmöglichen Nam' gem!"

Gutes Rad ist teuer

Kare:	I hob mir jetza a Radl kafft, a noglnoglneis Trekking-Radl!
Sepp:	Hut ab!
Kare:	Und oans is klar: Mit dem Radl nimm i ab, und zwar gewaltig!
Sepp:	Natürlich, weil mit dera Fahrerei nimmtma ab!
Kare:	I nimm aa ab, wenn i ned fahr!
Sepp:	Echt?
Kare:	Ja! Weil des Radl war so deier, dass i mir mindestens a Jahr im Wirtshaus nix mehr zum Essen kaffa konn!

Morgenstrip

Kare:	Sepp, obstas glaubst oder ned: I hob heit Nacht pudlnackert gschlaffa, weils mir dermaßen hoaß war!
Sepp:	Des kannt i ned, Kare, des kannt i ned! I daad mi do ganz komisch fühlen, wenn i pudlnackert waar!
Kare:	Wia i in da Friah ausse bin zum Zeitung holn und hob ned drodenkt, dass i pudlnackert bin und d'Nachbarin hod gsagt „guad Morgen" und mords gschaut, do hob i mi aa komisch gfühlt!

Blitz und Donner

Sepp: Des is fei scho schee, wennma unterm Dach aaf da Terrasse vom Wirtshaus steht, und konn des Gewitter oschaun!

Kare: Des stimmt!

Sepp: Mi fasziniert des scho seit meiner Kindheit! De Blitze und der Donner! Des san Naturgewalten, Wahnsinn!

Kare: Owa ehrlich!

Sepp: I beobacht des allaweil ganz genau: Z'erst blitzts und a poor Sekunden später schepperts! Seit Urzeiten des gleiche Schauspiel! Blitzen, dann Scheppern.

Kare: Immer ned! Es konn aa sei, dass erst viel später scheppert!

Sepp: Wos? Naa, viel später ned! A poor Sekunden nochdem, dass blitzt, schepperts, des war scho immer aso!

Kare: Naa, is ja ned wahr! Bei mir zum Beispiel, do wars ganz anders! I bin mit mein Auto aaf da B 20 vo Straubing nach Landau gfohrn. Und do war aaf 80 beschränkt und mittendrin hods blitzt! Und sechs Wocha später is a Brief kemma vo da Polizei. Mit an Foto! Und aaf dem Foto war i obn und am Beifahrersitz mei junge hübsche Kollegin. Und i hob zu meiner Frau gsagt ghabt, i fohr alloans aaf Landau. Mei liawa, do hods gscheppert!

CORDULA

Im beschaulichen und abgelegenen Berg-
wirtshaus taucht eines Abends eine ver-
irrte Wanderin auf und sucht Schutz vor
einem aufziehenden Gewitter. Die wun-
derschöne, junge Frau zieht den Wirt und
seine männlichen Gäste vom ersten Au-
genblick an in ihren Bann. Als sie dann
auch noch beabsichtigt, einige Wochen zu
bleiben und sich vom Stress einer vor Kur-
zem gescheiterten Beziehung zu erholen,
kennt die Freude ihrer Bewunderer keine
Grenzen mehr. Besonders dem jungen Stammgast Gerd hat sie es an-
getan, er vergöttert sie – eine Zukunft ohne sie kann und will er sich
nicht vorstellen.

Doch auch die Gedanken und Begierden des Wirtes kreisen nur mehr
um seine neue Angestellte – ihre Jugend, ihr bezaubernder Charme
und ihre Schönheit wirken wie Magie auf den Fünfzigjährigen. Mit
ihrem Verhalten weckt sie in beiden die Hoffnung, ihre Träume
könnten Wirklichkeit werden.

Aber es sind schreckliche Albträume, die Wirklichkeit werden. Nie-
mand ahnt etwas von dem dunklen und weit zurückliegenden Ge-
heimnis, das sie umgibt, und von der tödlichen Gefahr, in der ihre
beiden großen Verehrer schweben.

Der einzige, der sie warnen könnte und der weiß, wer die bildschöne
Frau ist, ist Gerds Großvater. Doch der ist zum ewigen Schweigen
verdammt ...

204 Seiten
Hardcover, 14 x 21,5 cm
14,90 Euro
ISBN 978-3-89650-329-9